AF297385

Bibliothèque Politique et Économique

JOSEPH BARTHÉLEMY

PROFESSEUR-ADJOINT À LA FACULTÉ DE DROIT DE PARIS
PROFESSEUR À L'ÉCOLE LIBRE DES SCIENCES POLITIQUES

LE GOUVERNEMENT DE LA FRANCE

TABLEAU DES INSTITUTIONS POLITIQUES, ADMINISTRATIVES ET JUDICIAIRES DE LA FRANCE CONTEMPORAINE

PAYOT & Cⁱᵉ, PARIS
106, BOULEVARD SAINT-GERMAIN
1919

10657

LE
GOUVERNEMENT
DE LA
FRANCE

DU MÊME AUTEUR

Problèmes de politique et finances de guerre (en collaboration). Félix Alcan, in-16, 1915 . . . . 3 fr. 50

La Réparation des dommages de guerre (en collaboration). Félix Alcan, in-16, 1917 . . . . 3 fr. 50

Le Militarisme allemand. Félix Alcan, in-16, 1917, 0 fr. 75. Cette brochure fait partie d'une série publiée par la Société de géographie : *Les Appétits allemands.* 2 vol in-16. Félix Alcan, 1918, le volume. . . . . 3 fr. 50

Les Institutions politiques de l'Allemagne contemporaine. Félix Alcan, in-16, 1915 . . . . 3 fr. 50

Démocratie et politique étrangère. Félix Alcan, in-8, 1918 . . . . 11 fr. »»

Le Droit public en temps de guerre : I. L'état de siège ; II. La liberté d'opinion et la censure ; III. Le gouvernement et la loi ; IV. Les conseils de guerre ; V. Les tribunaux militaires. VI. Les rapports entre le pouvoir civil et le commandement militaire. Giard et Brière, 1915-1916. Chaque br. in-8   1 fr. 50

L'Introduction du régime parlementaire en France sous Louis XVIII et Charles X, in-8, Giard et Brière, 1903   6 fr. »»

Le Rôle du pouvoir exécutif dans les républiques modernes, in-8, Giard et Brière, 1907 . . . . 15 fr. »»

L'Organisation du suffrage et l'expérience belge, in-8, Giard et Brière. 1912 (Ouvrage couronné par l'Académie des sciences morales et politiques) . . . . 16 fr. »»

François de Vittoria, contribution à l'étude des origines du droit international chez les canonistes, extrait des *Fondateurs du droit international* (en collaboration), in-8, Giard Alcan, et Brière, 1904. . . . . 12 fr. 50

Le problème de la compétence dans la démocratie, in-8. Félix Alcan 1918 . . . . 6 fr. »»

La mise en accusation du président de la République et des ministres. in-8°, Giard et Brière, 1919 . . . . . 3 fr. 50

Le vote des femmes. in-8°, Félix Alcan, 1919 (Ouvrage couronné par l'Académie des sciences morales et politiques) . 11 fr. »»

En préparation :

Adaptons la République. Payot.

JOSEPH-BARTHÉLEMY

PROFESSEUR-ADJOINT A LA FACULTÉ DE DROIT DE PARIS
PROFESSEUR A L'ÉCOLE LIBRE DES SCIENCES POLITIQUES

LE
GOUVERNEMENT
DE LA
FRANCE

Tableau des Institutions Politiques, Administratives et Judiciaires de la France Contemporaine

PAYOT & Cie, PARIS
106, BOULEVARD SAINT-GERMAIN

1919

INTRODUCTION

CARACTÈRE GÉNÉRAUX DES INSTITUTIONS FRANCAISES.

Les institutions de la France actuelle forment, dans leur ensemble, un édifice composite, où chacun des régimes qui se sont succédé depuis plus d'un siècle a laissé sa trace. L'essentiel est constitué par l'organisation sociale, législative, judiciaire, administrative, de l'Empire napoléonien, au-dessus de laquelle on a placé, en 1875, le couronnement de la démocratie parlementaire. Mais il y a bien d'autres constructions laissées par d'autres régimes : c'est ainsi, qu'à la Révolution on doit les principes généraux du droit public et la division administrative de la France; il y a quelque exagération, d'autre part, à dire que la République a conservé l'organisation impériale : nous avons respecté les *cadres* napoléoniens, mais nous avons changé les tableaux. Dans les institutions créées par Napoléon, chacun des régimes, depuis la Monarchie de Juillet, a insufflé son contingent de liberté : les conseils dont Napoléon avait fait des émanations du pouvoir central, sont devenus, en conservant les mêmes dénominations, des représentations élues des populations intéressées ; à la place d'un simple pouvoir consultatif, ils ont reçu un pouvoir de décision. En un mot, nous avons décentralisé dans les cadres de la centralisation impériale.

La plupart des régimes qui ont passé sur la France ont laissé sur elle, avant de se retirer, quelques alluvions fertiles. La Restauration l'a dotée du gouvernement parlementaire et des principes financiers d'un pays libre. La Monarchie de Juillet a précisé, développé, consolidé les mêmes principes et a su élaborer de grandes lois techniques toujours en vigueur (chemins vicinaux, expropriation...) La République de 1848 a introduit l'esprit de solidarité et définitivement installé le suffrage universel. Nous avons gardé, du Second Empire, le mécanisme du scrutin (décrets dictatoriaux rendus par le prince président le 2 février 1852), la liberté des coalitions, la distribution des compétences entre le préfet et le ministre... L'Assemblée Nationale nous a donné notre organisation départementale (loi du 10 août 1871) et surtout notre organisation politique.

Nos institutions ne se présentent pas par conséquent comme une belle construction rectiligne, dont toutes les parties seraient harmonieusement distribuées d'après un plan préconçu. Elles sont comme une vieille maison de famille, où chaque génération a apporté quelque amélioration, opéré quelque aménagement nouveau, marqué sa trace. Il en résulte nécessairement quelques incommodités, quelques contradictions apparentes de nature à irriter les esprits abstraits, épris d'une logique absolue. Mais, si la maison a ses défauts, elle n'est pas dépourvue de qualités : ses charpentes vénérables ont subi l'épreuve des ans et des tempêtes ; et elle a été adaptée progressivement, au fur et à mesure des leçons de l'expérience, aux besoins, et au tempérament essentiellement raisonnable et modéré, du peuple français.

CHAPITRE I

LA CONSTITUTION

*ETABLISSEMENT. — CARACTÈRES GÉNÉRAUX. —
REVISION.*

Chaque Français est soumis à un triple degré d'administration : l'administration générale de l'Etat, celle du département, celle de la commune. La constitution est le texte fondamental qui détermine l'existence et les attributions des principaux organes de l'Etat, ceux qui sont chargés d'en assurer le *gouvernement* : chef de l'Etat, ministres, Parlement.

La constitution française aujourd'hui en vigueur n'est pas contenue dans un texte unique, mais dans cinq lois séparées votées, au cours de l'année 1875, par l'Assemblée nationale.

La constitution républicaine de 1875 est l'œuvre d'une assemblée monarchiste. — Le 4 septembre 1870, à la suite du désastre de Sedan, le régime impérial s'écroulait. Un gouvernement provisoire, composé des députés de Paris, assumait la direction des destinées de la France. C'est le « Gouvernement de la Défense Nationale ». Le premier soin de ce gouvernement, qui n'était qu'un gouvernement de fait, fut d'inviter le pays à élire une assemblée qui lui donnerait des institutions régulières. Mais, une grande partie du pays étant occupée par les troupes allemandes, les élections ne purent avoir lieu qu'en vertu de l'armistice signé avec le commandement allemand, au lendemain de la capitulation de Paris. La convention d'armistice stipulait qu'une Assemblée devait être élue avec mission de traiter des conditions de la paix avec l'Allemagne. C'est cette *Assemblée Nationale*, qui a élaboré la constitution aujourd'hui en vigueur.

Elle mit près de quatre ans à s'acquitter de cette tâche : élue le 8 février 1871, elle tint sa dernière séance le 31 décembre 1875. Ce n'est pas cependant qu'elle se soit attachée à limer son œuvre, de façon à laisser à la France des institutions perfectionnées ; c'est impuissance à prendre une décision sur les principes. Elue « en un jour de malheur », cette assemblée était, en très grande majorité, conservatrice et monarchiste. Son plus cher désir était donc d'établir la monarchie ; mais elle se heurta à des obstacles créés par notre histoire tourmentée : il n'y avait qu'un trône et ils étaient trois à vouloir l'occuper. Le candidat le moins redoutable était le prince impérial, fils de Napoléon III. La lutte devait se circonscrire entre les héritiers de nos rois : le comte de Chambord, petit-fils de Charles X, représentant la branche aînée et *légitime* des Bourbons ; le comte de Paris, petit-fils de Louis-Philippe, représentant la branche *d'Orléans*, montée sur le trône à la faveur de la Révolution de Juillet. En 1873, eut lieu la fusion : la branche aînée étant appelée à s'éteindre dans la personne du comte de Chambord, les orléanistes décidèrent de s'effacer devant elle, puisque les princes d'Orléans étaient les héritiers légitimes du dernier Bourbon. Cette transaction se trouva inutile, le comte de Chambord ayant mis, à son acceptation du trône, des conditions, inacceptables pour la France moderne, qui se symbolisaient dans la substitution du drapeau blanc au drapeau tricolore. Lassée par tant de négociations et d'intrigues, l'Assemblée nationale se résigna, le cœur contraint, à établir la République. L'amendement Wallon, qui supposait *indirectement* la forme républicaine, puisqu'il déterminait le mode actuel de nomination du Président de la République, fut adopté le 30 janvier 1875 à une voix de majorité.

On ne comprendrait pas les caractères de notre constitution si on perdait de vue ces faits essentiels : les partis de droite, faute de pouvoir rétablir le gouvernement de leurs rêves, n'acceptent qu'une république se rapprochant le plus possible des institutions monarchiques. Ils font un fauteuil présidentiel qui puisse, sans trop de frais, se transformer en trône, le jour où « la Providence aura supprimé les obstacles » à la restauration, c'est-à-dire aura rappelé à elle Chambord et son insupportable intransigeance. La constitution de la République est calquée sur celle du régime de Juillet. C'est une constitution d'attente monarchique. — De l'autre côté, tous les républicains, de toutes nuances, renoncent momentanément à leurs doctrines particulières en matière politique et sociale pour faire consacrer, dans des conditions quelconques, le *fait* républicain. Ils concentrent tous leurs efforts sur « le mot sacré », se réservant pour plus tard, d'organiser la « chose ». De tous les côtés, par conséquent, on considère que l'on édifie une œuvre essentiellement provisoire : or, des neuf constitutions qu'a connues la France depuis 1789 (sans compter les modifications qu'elles ont subies), c'est cette constitution, faite avec des vues si peu ambitieuses, qui a eu la plus longue durée.

Caractères généraux de la constitution. — La constitution de 1875 est le plus *court* de tous les documents de ce genre : elle ne comprend que 26 articles ayant le caractère strictement constitutionnel. Ce caractère provient en partie de ce que les constituants, n'ayant pas de goût pour leur œuvre, n'y ont mis absolument que l'essentiel. Il s'explique aussi par ceci que, la France ayant déjà une longue expérience politique, on pouvait s'expliquer en peu de mots sur les institutions en faisant un *très large appel à la coutume*. — Le peu d'enthousiasme apporté par les constituants à la rédaction de leur œuvre se traduit encore par un *défaut absolu de méthode* : ils n'y ont mis aucune division en titres ou chapitres, aucune rubrique ; il n'y a même pas d'ordre préconçu dans la distribution des matières : on formule une règle quand on y pense, et, quant au supplément ou à la conséquence de la règle, on les énoncera plus tard au moment où ils se présenteront à l'esprit. — Le *dogmatisme* en est complètement banni : à l'opposé des majestueuses constitutions révolutionnaires, ou même de la constitution de 1848, celle de 1875 n'affirme aucun idéal, ne proclame aucun principe. La forme républicaine elle-même est introduite timidement et de biais par l'article 2 de la loi du 25 février 1875 : « Le Président de la République est élu... » La constitution de 1875 est « une constitution pédestre, une Cendrillon se glissant sans bruit entre les partis qui la dédaignent ».

Une autre différence avec les constitutions révolutionnaires est *l'absence de cet esprit simpliste*, de cette logique abstraite qui est de nature à produire tant de maux dans les sciences politiques. L'Assemblée nationale ne s'est pas laissé impressionner par le raisonnement fameux que, la Nation étant une, sa représentation doit être une également : elle a créé ce précieux organe de pondération qui est le Sénat. — Dans son ensemble, en effet, notre constitution est une grande *transaction* entre la République et la monarchie, et *l'esprit de transaction* apparaît dans tous les détails, notamment par l'adaptation qui est faite, pour la première fois, à la République, des institutions et des règles du régime parlementaire ou gouvernement de cabinet : c'est pour la première fois que le chef de l'Etat républicain est déclaré irresponsable ; ce n'est que sous la monarchie constitutionnelle que les ministres avaient été déclarés politiquement responsables devant les Chambres ; c'est pour la première fois que le chef de l'Etat républicain reçoit le droit de dissoudre la Chambre. — La transaction entre la tradition républicaine et la tradition monarchique apparaît encore dans la réglementation des sessions, dans le partage des attributions entre le Parlement et le Président de la République pour la conclusion des traités, etc.

On a singulièrement abusé, dans les polémiques politiques, de ce reproche adressé à la constitution de 1875 d'être une « constitution monarchique ». Dans tous les cas, le reproche a cessé d'être juste : en outre de la revision formelle de 1884, la constitution a subi, par l'effet de la coutume, une revision fondamentale qui a eu pour effet d'effacer la présidence de la République, et de pousser au contraire au tout premier plan la Chambre populaire.

Comment la constitution peut être modifiée. — Dans l'esprit de tous les partis, la constitution était une œuvre provisoire. Il fallait donc qu'elle pût être facilement modifiée. L'Assemblée Nationale se trouvait sur ce point en présence de deux traditions *opposées* : la tradition révolutionnaire des constitutions *rigides*, ne pouvant être modifiées qu'au prix de nombreuses difficultés et par une autorité spéciale ; la tradition monarchiste des constitutions *souples*, pouvant être modifiées par le pouvoir législatif normal, dans la forme des lois ordinaires. Obéissant aux tendances qui ont déjà été signalées, l'Assemblée Nationale s'est encore arrêtée ici à une solution transactionnelle. Les dispositions auxquelles cette Assemblée, par une décision expresse, a imprimé le caractère proprement constitutionnel, peuvent bien être modifiées par les Chambres ordinaires, ce qui est l'observation de la tradition monarchique, mais seulement suivant une procédure spéciale, ce qui est une concession à la tradition républicaine.

Des cinq actes de 1875 relatifs à l'organisation des pouvoirs publics et que l'on connaît généralement sous le nom de Constitution de 1875, trois seulement (les lois du 25 février, du 24 février et du 16 juillet) ont reçu le caractère constitutionnel. Les deux autres (loi du 2 août sur l'élection des sénateurs, loi du 30 novembre sur l'élection des députés) sont qualifiées lois organiques et sont soumises au régime des lois ordinaires. D'autre part, la loi du 24 février a été déconstitutionnalisée pour sa plus grande partie en 1884. Il en résulte que des dispositions qui apparaissent comme capitales pourraient être modifiées avec la même facilité que le régime des chemins vicinaux : une simple loi pourrait ainsi décider que les sénateurs seraient élus par le suffrage universel et que le mandat des députés serait élevé de quatre à six ou huit ans.

Quant aux dispositions proprement constitutionnelles, elles forment ce que l'on appelle une constitution rigide : elles ne peuvent être modifiées que suivant la procédure de la révision. Cette procédure comprend deux étapes : 1° le vœu de révision ; 2° la révision proprement dite. Pour que la procédure soit engagée, il faut que chaque Chambre déclare qu'il y a lieu à révision : cette déclaration doit être l'objet de deux résolutions séparées : ce qui signifie que le vote d'une Chambre ne saisit pas officiellement l'autre Chambre de la question. Le vote, par les deux Chambres, du vœu de révision a pour effet de convoquer automatiquement l'*Assemblée Nationale* : cette assemblée n'est autre que la réunion des députés et des Sénateurs en une assemblée unique ; le bureau de l'Assemblée nationale est celui du Sénat ; elle tient ses séances à Versailles, en théorie parce que des travaux aussi graves que ceux de la réforme du pacte fondamental doivent être accomplis à l'abri de la turbulence parisienne, en fait parce qu'il y a à Versailles une salle spécialement aménagée où peuvent siéger réunis les neuf cents membres du Parlement. L'Assemblée Nationale ne peut modifier que les dispositions constitutionnelles visées dans les vœux de revision : c'est le principe de la *revision limitée*. Il est nécessaire pour sauvegarder l'indépendance et même l'existence du Sénat : en effet, à Versailles, les trois cents sénateurs ne forment qu'une faible minorité en présence des six cents députés. Il faut donc que les sénateurs ne soient pas exposés à des surprises et qu'ils n'aillent à l'Assemblée Nationale que sur des points au sujet desquels ils ont donné leur consentement formel. — En dehors de son bureau, qui lui est donné par la constitution, et qui est celui du Sénat, l'Assemblée Nationale est maîtresse de son règlement, de la date de ses réunions, de la durée de son existence.

Cette procédure a été mise en jeu deux fois, à la suite de l'avènement au pouvoir d'une majorité républicaine. En 1879, le siège des pouvoirs publics a été transféré à Paris : cette réforme correspondait à des considérations de commodité évidente pour les Parlementaires et les Ministres, mais elle fut présentée comme un témoignage de confiance à l'égard de la démocratie parisienne (Revision du 21 juin, loi du 22 juillet 1879). — La seconde revision, celle de 1884 (loi constitutionnelle du 14 août, loi ordinaire du 22 décembre) fut plus importante : elle tendait à démocratiser le Sénat par la suppression des sénateurs inamovibles, et par l'extension du collège chargé d'élire la seule catégorie subsistante de sénateurs. En même temps, l'Assemblée Nationale ajoutait à la Constitution un texte dont l'effet juridique est discuté, mais dont la valeur morale et politique n'est pas douteuse : « la forme républicaine du gouvernement ne peut faire l'objet d'une proposition de revision ». Ainsi était enlevé à la République le caractère provisoire qui lui avait été infligé en 1875.

Aucune place n'est faite au peuple au cours de cette procédure : des chambres peuvent modifier notre statut fondamental, sans se représenter préalablement devant les électeurs, sans même que la question de revision ait été posée au moment des élections.

La procédure de la revision constitutionnelle est particulièrement solennelle. La nécessité d' « aller à Versailles » appelle l'attention du Parlement sur la gravité de l'œuvre à accomplir. Mais en réalité elle ne met guère plus d'obstacles à une refonte constitutionnelle qu'à une réforme législative. Une fois obtenu l'assentiment de principe des deux Chambres, la revision s'opère même plus facilement que la modification d'une loi ordinaire : elle est accomplie en effet par une Assemblée unique, ce qui supprime les lenteurs de l'examen du Sénat et, d'une chambre à l'autre, les interminables navettes provoquées parfois par des divergences sur des points secondaires.

Toutefois, ce mode de revision est, à bien des points de vue, conservateur de l'état existant des choses, principalement au point de vue des prérogatives des Assemblées. Il n'y a pas trop à espérer que le Sénat et la la Chambre corrigent leurs propres vices : ne sont-ils par les derniers àles voir. Il est probable qu'une réforme profonde des institutions ne serait possible qu'avec une *Constituante*, spécialement élue à cet effet, dont la convocation est réclamée par une partie de et l'opnion publique.

Défaut de sanction à l'obligation pour les Chambres de respecter la constitution. — Le système de la constitution rigide exige : 1° que les Chambres ne puissent modifier la constitution que suivant la procédure spéciale ; 2° que les Chambres ne puissent faire une loi quelconque en contradiction avec les règles constitutionnelles. Mais si les Chambres modifiaient ou violaient la constitution par une loi ordinaire, cette loi n'en serait pas moins une loi qui, en fait, s'imposerait aux fonctionnaires et aux citoyens. Aussi y a-t-il, dans une partie croissante de l'opinion publique, une réclamation pour l'établissement d'une *sanction* à la base de notre organisation politique. On demande d'abord que la constitution française soit autre chose qu'un *code de procédure*, qu'elle soit précédée par conséquent d'une déclaration des droits ; on demande en second lieu que les principes ainsi proclamés soient sanctionnés par la nullité des lois qui leur seraient contraires, nullité qui serait prononcée soit par une autorité constitutionnelle spéciale (sur le modèle du Corps des censeurs de Franklin, de la jurie constitutionnaire de Siéyès, du Sénat conservateur de l'an VIII), soit par la Cour de Cassation, investie à cet effet de pouvoirs analogues à ceux qui sont reconnus à la Cour Suprême des Etats-Unis.

BIBLIOGRAPHIE. — Il y a deux grands traités classiques de droit constitutionnel français : ESMEIN, *Eléments de droit constitutionnel*, 6e éd., par JOSEPH-BARTHÉLEMY, 1914 ; DUGUIT, *Traité de droit constitutionnel*, 2 vol. 1911 ; du même, un *Manuel*, 3e éd., 1918. Ces ouvrages contiennent une très riche bibliographie. — La critique de la constitution a fait l'objet d'une abondante littérature : voir notamment, Jules ROCHE, *Quand serons-nous en République*, 1 vol. de la BIBLIOTHÈQUE POLITIQUE ET ÉCONOMIQUE in-16, Payot, Paris; Georges LACHAPELLE, *L'œuvre de demain*, 1917 ; Edmond VILLEY, *Les vices de la constitution française*, 1919; MAZEL, *La nouvelle cité*, 1918 ; PRODUS, *La plus grande France*, 1917 ; Maxime LEROY, *Pour gouverner*, 1918; LYSIS, *L'erreur française, Vers la démocratie nouvelle*, 2 vol. de la BIBLIOTHÈQUE POLITIQUE ET ÉCONOMIQUE in-16, Payot, Paris. *Demain, ibid.* Henry LEYRET. *Le gouvernement et le parlement*, 1918.

CHAPITRE II

LE PRINCIPE DÉMOCRATIQUE

Le suffrage universel, source unique du pouvoir. — La forme du gouvernement français est démocratique : le suffrage universel est en effet la source unique du pouvoir. Ce sont les citoyens qui choisissent les députés ; ce sont eux aussi qui désignent les membres des conseils de l'administration locale (conseils généraux des départements, conseils d'arrondissement, conseils municipaux) ; les membres de ces derniers conseils, auxquels se joignent les députés, désignent les sénateurs. Les sénateurs et les députés nomment le Président de la République ; celui-ci à son tour nomme les ministres et, soit directement, soit indirectement, tous les fonctionnaires. — La démocratie se manifeste aussi par le contrôle permanent que les élus du suffrage universel exercent sur tous les degrés de la vie publique. Enfin, si la Chambre des députés paraît en désaccord avec le corps électoral, ce dernier peut être directement consulté par le Président de la République, au moyen du droit de dissolution (V. infra).

Régime représentatif. — Toutefois, l'activité des citoyens se borne à désigner un certain nombre d'entre eux qui légiféreront, gouverneront ou administreront en leur nom. Les citoyens ne sont jamais appelés à prendre eux-mêmes des décisions ou même à approuver les décisions de leurs élus. La démocratie française est purement *représentative*.

Unité de corps électoral, unité de liste. — Le droit constitutionnel français ne distingue pas entre l'électorat politique et l'électorat administratif : ce sont les mêmes électeurs, inscrits sur la même liste, qui élisent les députés et les membres des conseils de l'administration locale.

1

LE DROIT DE SUFFRAGE

Universalité. — L'universalité du suffrage est le seul principe électoral auquel l'Assemblée Nationale ait conféré le caractère constitutionnel (Art. 1, 1. 25 février 1875). Pourvu que soit respecté ce principe, le législateur ordinaire peut donc organiser, à son gré, le droit de suffrage et les élections.

Dans la langue politique, le mot « universel » n'a qu'un sens relatif : il indique seulement que le suffrage n'est pas réservé à une élite restreinte, définie par la naissance, la fortune ou la capacité. Mais on n'imagine pas cependant que tous votent : dans la masse de la population, le corps électoral, même dans les systèmes de suffrage dit universel, constitue encore une élite, mais une élite large, déterminée par des conditions très faibles de compétence.

Dévouement à l'Etat. — Nos lois sont à ce sujet extrêmement larges ; elles demandent seulement la *nationalité* française par naissance ou naturalisation. L'étranger devient immédiatement électeur par le fait de la naturalisation.

Masculinité. — L'électorat est réservé aux mâles. Cette condition de sexe, qui est la règle des pays latins, est présentée généralement comme une condition d'aptitude intellectuelle et morale, fondée sur la prétendue supériorité du sexe masculin.

Maturité d'esprit. — Depuis 1848, l'âge de l'électorat est fixé en France à 21 ans. On s'est demandé si l'homme a atteint, à cet âge, la maturité suffisante pour la fonction délicate de choisir les gouvernants. Ce qui est certain, c'est que tant qu'il y aura un service militaire obligatoire et tant que le vote sera interdit au militaire, il est absurde de donner le vote, de 21 à 23 ou 24 ans, à une minorité dispensée de ce qui, en étant le plus grand des honneurs, constitue la plus lourde des charges.

Aptitude intellectuelle. — Les comices doivent [être fermés aux individus totalement dénués de raison. Mais il faut bien voir par quelles dispositions pratiques est réalisé ce principe : ce sont seulement les *interdits* qui sont privés du droit de vote. Or l'interdit est un individu qui — en dehors de toute préoccupation d'inscription sur la liste électorale — a été privé, par une décision du tribunal civil, de la gestion de son *patrimoine*. Cette décision est prise normalement sur l'initiative des proches parents, agissant en théorie pour protéger le dément contre lui-même, en fait pour préserver un patrimoine dans lequel ils voient la matière d'un héritage futur. Si donc, il manque à la famille cet aiguillon de l'intérêt égoïste pour se lancer dans les ennuis et les frais d'une procédure, l'individu qui, suivant les termes du Code, « se trouve dans un état habituel d'imbécillité, de démence ou de fureur » n'est pas interdit et, par conséquent, il conserve la jouissance de son droit de vote. Si l'aliéné non interdit est interné dans un asile spécial d'aliénés, *l'exercice* de ce droit est *suspendu* pendant la durée régulière de l'internement, mais reprend dès que l'interné est régulièrement libéré, si, par exemple, il a cessé d'être dangereux ou si sa famille ne peut plus payer la pension. Par conséquent, les aliénés libres non interdits ont la puissance entière de leurs droits de citoyen. Il arrive parfois, surtout dans les campagnes, que les secrétaires de mairie s'abstiennent d'inscrire, sur les listes, les idiots unanimement reconnus tels ou les fous de notoriété publique : mais cette pratique est, à bon droit, condamnée par la Cour de Cassation. Notre législation se méfie des appréciations de la capacité intellectuelle des citoyens, lorsque ces appréciations sont faites directement en vue de l'inscription sur la liste électorale, et par conséquent exposées aux passions de partis. — Ajoutons d'ailleurs que les simples gâteux, recueillis dans les établissements d'assistance, jouissent de la plénitude de leurs droits politiques, qu'ils exercent sous la surveillance et souvent avec l'aide matérielle de leurs gardiens.

Aptitude morale. — La condition d'aptitude morale n'est pas plus rigoureuse que la condition d'aptitude intellectuelle : elle exclut, soit à perpétuité, soit pour un temps (5 ans), de la direction de la société, quelques-uns de ceux qui ont commis des fautes contre cette société : ceux qui ont subi certaines condamnations criminelles ou correctionnelles (Décret organique du

2 février 1852), les commerçants faillis, les officiers ministériels qui ont si mal géré leur office qu'ils ont été destitués. La démocratie a d'ailleurs une tendance à toujours relâcher la rigueur de ces conditions de moralité. Ainsi, la législation de la faillite est l'objet d'adoucissements progressifs. La liquidation judiciaire, pour les commerçants malheureux et de bonne foi, est une faillite sans déchéances. La durée de la privation du droit de vote pour les faillis a été ramenée à trois ans.

Ces exigences, purement négatives, de compétence intellectuelle ou morale sont absolument nécessaires. Mais elles se trouvent si rigoureusement ramenées à un minimum irréductible qu'elles ne changent pas le caractère du corps électoral. C'est en somme l'ensemble des citoyens mâles et majeurs qui est appelé à choisir les gouvernants.

II

LE VOTE

Pour que les citoyens mâles et majeurs puissent *exercer* le droit qui leur est ainsi reconnu en principe, il faut : 1° qu'ils soient inscrits sur la liste électorale ; 2° qu'ils ne se trouvent pas dans certaines situations.

1° **La liste électorale. Nécessité de l'inscription. —** On ne peut voter que si l'on est inscrit sur la liste électorale d'une commune. On ne peut d'ailleurs choisir la commune où l'on se fait inscrire ; on ne peut être inscrit que là où l'on est : soit domicilié, soit résident de six mois, soit contribuable. On doit exercer son droit là où l'on est connu : ainsi l'identité du votant est plus facilement contrôlable.

Unité de liste. — Depuis la loi du 5 avril 1884, il n'y a plus qu'une liste unique qui sert aussi bien pour les élections politiques que pour les élections administratives.

Permanence. — La liste électorale existe toujours. Ainsi, on évite les erreurs et les fraudes qui ne pourraient manquer de se produire s'il fallait établir à la hâte une liste en vue d'une élection déterminée.

Révision annuelle. — Tous les ans, du 1er janvier au 31 mars, a lieu la revision de la liste : elle est opérée par une commission administrative (le maire, 1 délégué du préfet, 1 délégué du conseil municipal). On peut réclamer contre les décisions de cette commission devant la commission municipale (la première, plus deux délégués du conseil municipal). Les décisions de cette dernière peuvent à leur tour être déférées au juge de paix, et les décisions de ce magistrat sont contrôlées, au point de vue de la légalité, par la Cour de Cassation. Toutes ces opérations sont publiques ; toutes les réclamations peuvent être formées par tous les citoyens, même ceux qui n'y sont pas personnellement intéressés. Toutes les réclamations sont *faciles* (ce sont de simples déclarations à la mairie ou au greffe de la justice de paix) et absolument *gratuites*.

Le moyen *le plus commode* de prouver l'inscription est la carte électorale délivrée par la mairie ; mais l'électeur peut démontrer son inscription et son identité, par tous les moyens, au bureau chargé de recevoir les bulletins.

2° **Situations qui paralysent l'exercice du droit de vote** : service militaire, internement dans un asile

d'aliénés. — Pendant la durée régulière de leur internement, les aliénés sont privés de l'exercice de leur droit de vote. — Les militaires sont inscrits sur la liste électorale : ils doivent pouvoir participer aux élections dès le lendemain de leur libération. Mais la législation française a considéré l'exercice des droits politiques des hommes sous les [drapeaux comme incompatible avec les exigences de la discipline.

III

LE SCRUTIN

Principes de la procédure du scrutin. — Le vote est *direct* : les électeurs choisissent eux-mêmes leurs élus. Le vote serait indirect s'ils se bornaient à désigner un certain nombre d'entre eux qui seraient chargés de désigner les membres des conseils. — Il est *facultatif :* chaque électeur est libre de voter ou de ne [pas voter. Un très grand nombre de citoyens usent malheureusement de cette faculté. Nous n'avons pas sur ce point de statistiques absolument significatives, car les renseignements publiés donnent en bloc le chiffre des inscrits qui n'ont pas voté, sans distinguer entre les négligents et les empêchés pour motif légitime : service militaire, maladie, éloignement. Il y a des départements où les non votants représentent 40 0/0 des inscrits. On estime généralement que les négligents sont en grand nombre, qu'ils sont des électeurs modérés dont la participation au scrutin est souhaitable et qu'il conviendrait de prohiber leur abstention par l'institution du vote obligatoire. — Si le vote reste facultatif, il est cependant *facilité*, ce qui enlève un prétexte aux abstentions, par le choix des lieux, jours et heures, les plus commodes pour la masse. L'urne est rapprochée de l'électeur : il y a au moins un bureau de vote dans chaque commune, plusieurs si c'est nécessaire. Le vote a lieu un dimanche, de huit heures du matin à six heures du soir. — Toutefois le vote est *personnel* : il n'y a pas d'autre moyen d'exercer le droit électoral que de remettre en personne son bulletin au bureau compétent. Il y a un mouvement tendant à permettre le vote par correspondance qui mettrait fin aux abstentions obligatoires de plusieurs catégories d'électeurs empêchés : malades, ouvriers des transports, ouvriers saisonniers, commis-voyageurs..., — Le vote est *secret* : les lois du 29 juillet 1913 et 31 mars 1914 ont admis, dans cet esprit, deux éléments nouveaux : l'enveloppe, le dispositif d'isolement. Le vote a lieu au moyen d'un bulletin sur papier blanc, et ne devant porter aucune marque personnelle ; l'électeur reçoit une enveloppe officielle et il doit mettre son bulletin dans cette enveloppe « dans la partie de la salle aménagée pour le soustraire aux regards pendant qu'il met son bulletin dans l'enveloppe. » Il introduit lui-même dans l'urne son bulletin ainsi préparé. — Des mesures sont prises pour que le scrutin soit *sincère* : les bulletins sont reçus, sous le contrôle du public, par un bureau composé, en principe, sous la présidence du maire ou d'un de ses délégués, des deux électeurs les plus jeunes et des deux électeurs les plus âgés qui se trouvent dans la salle au moment de l'ouverture du scrutin ; ces cinq premiers personnages élisent, à leur tour, un secrétaire. Pour les élections sénatoriales la présidence est dévolue au président du tribunal civil du chef-lieu. — Les bulletins doivent être comptés sous les yeux du public, par des scrutateurs placés auprès de petites tables autour desquelles circulent les électeurs ; les candidats peuvent désigner les scrutateurs. — Pour les élections à la Chambre des députés, il faut centraliser les résultats d'un grand nombre de bureaux de vote. et proclamer le résultat final : c'est l'œuvre d'une commission, dite de recensement, et qui est composée, pour éviter toute pression administrative, des quatre conseillers généraux les plus anciens et du président du tribunal. Ce mécanisme n'est pas encore parfait et la France a encore bien des leçons à prendre à ce point de vue dans la législation belge ; mais un progrès sérieux a cependant été réalisé sur la réglementation que nous avait laissée le Second Empire.

La réglementation de la procédure matérielle du scrutin a son complément naturel dans la répression de la corruption électorale. La loi du 30 mars 1914 punit sévèrement tous actes, violences, menaces, libéralités ou promesses faites en vue d'influencer le vote des électeurs. — La même préoccupation de moraliser le scrutin a partiellement inspiré la loi du 20 mars 1914, réglementant l'affichage électoral : depuis quelques années, l'usage s'était répandu de mener la lutte électorale par voie d'affiches, chaque candidat essayant de submerger, sous des flots de papier, les déclarations de son adversaire. Désormais, les affiches électorales ne pourront être apposées que dans un petit nombre d'endroits, définis par l'autorité municipale (5 dans les communes de 5.000 électeurs, 10 dans les communes plus grandes, plus 1 par 3.000 électeurs). Ainsi une borne a été mise au privilège des candidats fortunés.

Les élections ont enfin lieu à la majorité. Cette formule comprend trois idées :

1° Le vote est *majoritaire*. — Tout est donné à la majorité des électeurs. Il n'est pas une seule catégorie d'élections où il y ait soit représentation proportionnelle des partis, soit même représentation des minorités.

2° Il y a toujours lieu à élection, même s'il n'y a qu'un candidat. La règle contraire existe en Angleterre et en Espagne.

3° Si aucun candidat ne réunit un chiffre déterminé de voix à la première consultation des électeurs, il y a lieu de procéder à un second tour de scrutin que l'on appelle le *ballottage*. Le ballottage est une institution traditionnelle du droit public français, ignorée en Angleterre.

En principe, pour être élu au premier tour de scrutin, il faut avoir réuni la *majorité* absolue, c'est-à-dire, la moitié plus un des suffrages exprimés. La loi exige en outre que cette moitié plus un soit égale au quart des électeurs inscrits. — Au second tour, la *pluralité* suffit : est déclaré élu celui qui a obtenu le plus grand nombre de suffrages. En principe, la majorité relative ou pluralité suffit au second tour : c'est la règle pour les élections à la Chambre des députés, aux conseils administratifs (conseil général, conseil municipal, conseil d'arrondissement) et pour la présidence des assemblées élues. — Au contraire, pour les élections des sénateurs, ainsi que pour l'élection des maires par le conseil municipal, la majorité absolue est exigée aux deux premiers tours de scrutin, la pluralité ne suffisant qu'au troisième tour. Enfin, le Président de la République ne peut être élu par le Congrès (réunion de la Chambre et du Sénat) qu'à la majorité absolue des suffrages, c'est-à-dire qu'il n'y a pas élection et qu'il faut par conséquent procéder à des tours de scrutin tant qu'aucun candidat n'a obtenu la moitié plus un des suffrages.

L'institution du ballottage, au moins pour les élections qui sont faites directement par le suffrage universel, est l'objet de très vives critiques. Il est l'occasion, entre les candidats, de marchés qui ne respectent pas toujours la dignité des électeurs : le type classique de ces tractations consiste à se présenter au premier tour pour vendre, soit contre une faveur administrative, soit contre un autre avantage, son désistement au second tour. La représentation proportionnelle, dont l'adoption prochaine est souhaitable et probable, aura, entre autre avantages, celui de faire disparaître le ballottage.

IV

LE JUGEMENT DES ÉLECTIONS

Un trait caractéristique du droit public français, c'est que le jugement des élections y est enlevé à l'autorité judiciaire.

Les élections des autorités locales sont jugées par les tribunaux administratifs ; c'est le Conseil de préfecture, avec appel au Conseil d'Etat, qui connaît des élections municipales, et des élections au conseil d'arrondissement. C'est le Conseil d'Etat, en premier et dernier ressort, qui juge les élections au Conseil général.

Quant aux élections des membres du Parlement, elles sont soumises au régime de la *vérification des pouvoirs*. Chaque Chambre est juge de l'élection de ses propres membres.

Le contentieux des élections locales ne donne lieu à aucune plainte sérieuse : il dépend dans son ensemble du Conseil d'Etat, au moins par l'appel, et l'impartialité de cette haute juridiction est au-dessus de toute critique. Il en est différemment de la vérification des pouvoirs, qui tend parfois à se transformer en une sorte de *ballottage*, comme celui qui a lieu dans les cercles et où la majorité admet ses amis et rejette ses adversaires. Il est à souhaiter que cette grave attribution passe à une haute autorité proprement judiciaire telle que la Cour de Cassation.

BIBLIOGRAPHIE. — Faye, *Manuel de droit électoral*, 1909. Cette étude présente un caractère strict de droit positif. — Charles Benoist, *L'organisation de la démocratie : Sophismes politiques*. — Joseph-Barthélemy, *L'organisation du suffrage et l'expérience belge*, 1910 ; *le suffrage des femmes*, 1919.

CHAPITRE III

LE PARLEMENT

PRINCIPES COMMUNS A SES DEUX CHAMBRES

Le Parlement est une autorité unique composée de
deux assemblées. Normalement, chacune de ces assemblées délibère séparément, le Sénat, au Palais du
Luxembourg, la Chambre des députés au Palais Bourbon :
et c'est la concordance des décisions de ces deux Chambres
qui exprime la volonté du Parlement. — Mais nous
savons aussi que, lorsqu'il s'agit de reviser la Constitution, ces deux Chambres se réunissent pour former
une seule assemblée délibérante, où les votes se
comptent par têtes : c'est alors *l'Assemblée Nationale.*
— Les deux Chambres se réunissent encore, mais cette
fois-ci non plus pour délibérer, mais pour élire le Président de la République : elles forment alors le *Congrès*,
qui est un simple collège électoral, qui ne peut par conséquent ni discuter, ni délibérer, ni décider, ni accomplir en un mot un autre acte que l'élection en vue de
laquelle il est réuni. — Enfin le Sénat peut fonctionner
comme juridiction répressive en matière politique
(V. *infra*, chap. X).

I

RECRUTEMENT ET CONDITION DES MEMBRES DU PARLEMENT

La constitution ne prend aucune précaution sérieuse pour assurer la compétence des élus. — Si l'on fait abstraction de l'âge exigé (25 ans pour la Chambre ; 40 ans pour le Sénat), il n'est pas beaucoup plus difficile d'être éligible que d'être électeur. — Il faut d'abord avoir la jouissance du droit électoral : il n'est pas nécessoire d'être inscrit sur une liste. On a vu, deux fois au cours de notre histoire, des personnages qui avaient négligé de se faire inscrire et qui n'ont trouvé la vie politique intéressante que le jour où ils ont été candidats.

Il n'y a aucune condition spéciale d'aptitude intellectuelle. Il est même assez piquant de constater que le prodigue ou le faible d'esprit qui a été l'objet d'une demi-interdiction, qui a été pourvu d'un conseil judiciaire, est inéligible au Conseil municipal, mais est, par contre, éligible au Parlement.

Cependant, au point de vue patriotique et au point de vue moral, la loi est légèrement plus rigoureuse pour l'éligibilité que pour l'électorat.

Garantie de patriotisme. — L'étranger naturalisé devient immédiatement électeur, mais il n'est éligible que dix ans après. — D'autre part, le citoyen qui a échappé au service militaire, et qui a réussi à conserver le droit électoral (soit qu'il n'ait pas été condamné, soit que son infraction soit prescrite, soit qu'il ait été amnistié), ne peut pas être élu au Parlement.

Garantie de moralité. — Le liquidé judiciaire (commerçant malheureux qui ne paie pas ses dettes), quoiqu'électeur, n'est pas éligible, d'autre part, le failli (commerçant qui a commis des imprudences) recouvre l'électorat par le délai de trois ans mais il ne devient éligible que par une réhabilitation expresse.

Telles sont toutes les conditions exigées de la personne du candidat. C'est peu. Les autres conditions d'éligibilité sont étrangères aux qualités personnelles du candidat. Elles sont inspirées : 1° par une idée de *défense républicaine* : les membres des familles ayant régné en France sont inéligibles ; 2° par les besoins de la *discipline militaire* ; quoiqu'ayant la jouissance de l'électorat, les militaires sont inéligibles ; 3° enfin par le souci d'éviter une *influence illicite sur les électeurs.* Cette dernière condition d'éligibilité : *a*) ne frappe que des fonctionnaires ; *b*) ne frappe pas tous les fonctionnaires, mais seulement ceux qui peuvent exercer une influence sur les électeurs, par exemple les préfets ; *c*) ne les frappe que dans la circonscription où cette influence peut se faire sentir et *d*) enfin, pendant le temps seulement où cette influence peut se faire sentir; temps que la loi apprécie à la durée de la fonction plus six mois.

La constitution prend des précautions pour assurer l'indépendance des membres du Parlement.

1° *Indépendance à l'égard des besoins de la vie matérielle.* — Le principe démocratique veut que le mandat législatif ne soit pas un luxe réservé à la fortune. Pour qu'il soit accessible à tous, il faut qu'il soit payé. Il ne suffirait pas qu'il le fût par des individus ou des organisations particulières (syndicats ouvriers) qui ne respecteraient pas l'indépendance de l'élu : l'indemnité doit être versée par le trésor public. Cette règle a toujours été appliquée en France, sauf sous le régime censitaire (de 1814 à 1848) où précisément la vie politique était le privilège de la fortune. L'indemnité parlementaire s'élève, depuis 1906, à 15.000 francs, chiffre assez considérable par rapport aux traitements des fonctionnaires français, modeste si l'on considère le coût général de la vie et les frais inséparables de la vie politique. — Les membres du Parlement jouissent de certains avantages matériels, tels que le parcours, à peu près gratuit, sur les chemins de fer.

2° *Indépendance à l'égard du gouvernement.* — Dans le régime parlementaire, les Chambres sont appelées à contrôler le gouvernement. On a pensé que ce contrôle ne serait pas sincère s'il était exercé par des assemblées composées de fonctionnaires. Aussi, en principe, toutes les fonctions publiques rétribuées sur les fonds de l'État sont-elles déclarées *incompatibles* avec le mandat législatif. Le fonctionnaire élu doit perdre complètement sa fonction (il n'est pas seulement mis en congé) ; le parlementaire qui accepte une fonction perd son mandat. Des exceptions étroites sont prévues pour un nombre très restreint de fonctionnaires, soit à raison de l'élévation de leur fonction, garantie de leur indépendance, soit à raison de leur compétence qui fait désirer leur présence dans les Chambres : ministres et sous-secrétaires d'État, préfet de la Seine et préfet de police, premiers présidents et procureurs généraux des trois Cours siégeant à Paris, ambassadeurs, professeurs titulaires de l'enseignement supérieur.

Cette règle ne va pas sans inconvénients, puisqu'elle

peut avoir pour conséquence d'écarter des Chambres des hommes dont la situation fait présumer une certaine compétence. Mais surtout, elle est, en fait, tournée grâce à un abus de la disposition qui déclare la fonction exceptionnellement compatible lorsqu'elle est conférée pour six mois au plus. La situation de gouverneur des colonies est incompatible : cependant par missions temporaires *renouvelables*, le député Augagneur a gouverné Madagascar ; en 1919, le député Sarraut gouverne l'Indo-Chine, et le député Jonnart est à la tête de l'Algérie. Le député qui accepte une fonction, même compatible, est tenu de donner sa démission sauf à se représenter devant ses électeurs : la règle cesse lorsque la fonction est confiée à titre temporaire ; c'est ainsi que le député Delcassé a géré pendant deux ans l'ambassade de France à Saint-Pétersbourg, et qu'en 1918, le député Thierry est devenu ambassadeur à Madrid.

D'ailleurs ces sortes de vice-royautés que constituent les gouvernements des grandes colonies sont assez tentantes pour que le parlementaire leur fasse le sacrifice de leur mandat et pour que le gouvernement s'en serve, soit pour récompenser des services, soit même pour mettre fin à une opposition.

3° *Indépendance à l'égard des actions judiciaires intentées par le gouvernement ou les particuliers.*

a) Irresponsabilité judiciaire. — C'est une tradition du régime représentatif que les membres du Parlement ne peuvent être recherchés, soit au criminel, soit au civil, ni par le gouvernement, gardien de l'ordre public, ni par les particuliers, pour tous les actes commis dans l'exercice de leurs fonctions. Ainsi, qu'un parlementaire commette, à la tribune ou dans un rapport, un délit de parole ou d'écriture (excitation de militaires à la désobéissance, apologie de faits qualifiés crimes...) il ne pourra être traduit devant les juridictions répressives ; que, dans les mêmes conditions, il profère à l'égard d'un particulier, individu ou société, les injures les plus inexcusables ou les diffamations les moins fondées, la victime ne sera pas admise à lui demander des dommages intérêts. — On justifie traditionnellement ce privilège en disant qu'il faut que le parlementaire puisse dire, sans crainte, ce qu'il croit la vérité. Il serait vain de dissimuler que cette impunité couvre quelques abus : peut-être pourrait-on trouver, à mi-côte, une solution transactionnelle et laisser les parlementaires responsables de leurs fautes lourdes et de leurs imprudences inexcusables.

Inviolabilité. — C'est un privilège qui est relatif aux fautes étrangères à la fonction, et qui ne concerne que les poursuites répressives. Il consiste en ce que, pendant la durée des sessions, un parlementaire ne peut être poursuivi en matière pénale (sauf devant le tribunal de simple police, v. *infra*, ch. X), sans l'autorisation de la Chambre à laquelle il appartient. On a craint que des particuliers, par passion politique, ou le gouvernement, soit pour déconsidérer un parlementaire, soit même pour l'arracher à son siège, n'intentassent contre lui des actions injustifiées. Peut-être, encore ici, a-t-on dépassé le but. Il serait mieux, tout d'abord, d'organiser pour l'ensemble des citoyens une garantie contre les poursuites et arrestations arbitraires, dont profiteraient les membres du Parlement, et, ensuite, comme ceux-ci sont, par leur situation, particulièrement exposés aux entreprises injustes des particuliers et du gouvernement, de donner à chaque Chambre le droit d'arrêter, lorsqu'elle le juge nécessaire, une poursuite ou une détention dont serait l'objet l'un de ses membres.

Comment, en fait, est recruté le Parlement de la République française. — C'est un des axiomes le plus souvent reproduits de la littérature anti-démocratique que la démocratie va à la médiocrité « comme la chèvre au cytise ». Le suffrage universel, dit-on, écarterait du scrutin les hommes d'ordre et de valeur, les citoyens les plus honnêtes, les plus sérieux, les plus compétents. Le reproche n'est pas sans fondement, adressé à l'élection ; il devient singulièrement injuste, dirigé seulement contre le suffrage universel. Au point de vue intellectuel et moral, nos Chambres défient la comparaison avec les Assemblées de tous les autres pays du monde ou des régimes antérieurs qu'a connus la France. Sans doute, le suffrage universel a amené une représentation du parti ouvrier. Cette modification de l'état des partis n'a pas amené un abaissement du niveau intellectectuel et moral de la Chambre, ni un ralentissement du zèle des parlementaires et de leur dévouement aux affaires publiques.

L'erreur provient de ce que la généralisation du suffrage, sans diminuer la somme de talents et de « vertus » dans les Assemblées, en a profondément modifié la tenue extérieure et la physionomie générale des débats. Dans les Chambres censitaires, quelles que fussent les divisions politiques, les représentants des partis les plus opposés, appartenant au même « monde », conservaient entre eux de nombreux points de contact. L'avènement du suffrage universel devait avoir pour conséquence d'amener des débats violents et de donner aux discussions l'allure de disputes. De là viennent ces séances de scandale qui, tout en n'étant que des manifestations de bouillonnement superficiel, contribuent cependant à déconsidérer le régime !

Une autre cause d'erreur réside dans les modifications extérieures qui se sont produites dans le genre de l'éloquence parlementaire. Elle s'est mise en veston. L'éloquence est moins apprêtée, mais demande plus de faits et de précisions. Les discours, moins écrits, sont cependant plus nourris. Il est classique de citer la Restauration comme la grande époque de l'éloquence parlementaire en France. Mais les historiens de l'avenir pourront comparer cette période avec celle de la Troisième République sans trop de désavantage pour cette dernière. Ils citeront Gambetta, Ferry, Jules Simon, Challemel-Lacour, Floquet, Brisson, Goblet, Freycinet, Ribot, Clemenceau, Waldeck-Rousseau, Sembat, Millerand, Briand, Viviani, Bourgeois, Poincaré, Deschanel, Leygues, Barthou, Albert de Mun, Jaurès..... et ils trouveront que cette phalange peut supporter la comparaison avec celle des Guizot, des Benjamin-Constant, des de Serre, des Martignac, des Royer-Collard. Le caractère de l'éloquence a changé ; la somme des talents est restée la même.

Certains vastes débats (sur la séparation des Églises et de l'État, sur les associations...) resteront parmi ceux qui ont honoré la tribune française.

D'une façon générale, la démocratie amène un abaissement de la classe sociale dans laquelle se recrutent les représentants comme les gouvernants. Les grands bourgeois qui formaient la majorité des Assemblées sous la Restauration et la Monarchie de Juillet, sont plus clairsemés dans les Chambres de la Troisième République. Ils étaient plus nombreux avant qu'après 1890. La démocratie tend à accroître les avantages matériels du mandat législatif, à en faire une carrière, avec une indemnité qui équivaut au traitement des hauts fonctionnaires, un avancement qui est le passage au Sénat, une retraite. Aussi le mandat législatif exerce-t-il un attrait croissant sur la classe située aux dernières limites de la bourgeoisie et sur les confins du prolétariat. C'est là que se recrutent les politiciens professionnels dont le « petit scrutin » d'arrondissement a favorisé le succès.

Si l'on considère les professions parmi lesquelles se recrutent les représentants, une des caractéristiques des Assemblées démocratiques est le grand nombre des médecins qui y pénètrent grâce à une popularité, honorablement, mais facilement acquise par des soins plus ou moins gratuits.

Les professions qui semblent préparer le plus directement à la vie publique sont par ailleurs sensiblement les mêmes dans tous les régimes libres. Les Chambres comptent naturellement de nombreux représentants du journalisme : MM. Briand, Millerand, Clemenceau ont été rédacteurs en chefs de journaux parisiens. MM. Delcassé et Tardieu ont tenu une grande place dans le journalisme avant d'entrer au Parlement, etc. Les Chambres contiennent quelques propriétaires, quelques industriels, quelques hommes riches. Il y a des ouvriers, en petit nombre, et seulement à la Chambre. Mais la profession qui l'emporte d'une façon écrasante est celle d'avocat. La prédominance des avocats dans les assemblées est un fait qui, dans l'histoire politique française, est presque aussi ancien que la liberté politique. N'est-il pas d'ailleurs essentiellement logique de faire faire les lois par des « hommes de loi », par des hommes qui ont consacré leur vie à l'étude du droit, et que leur profession met au courant des difficultés quotidiennes que soulève non seulement l'interprétation mais encore l'application même des lois ? — La démocratie ne se trompe pas lorsqu'elle peuple ses assemblées d'intellectuels. C'est une des meilleures preuves du bon sens du paysan de France qu'il ne se fait pas représenter par un paysan.

✗ Les partis politiques. — Aux États-Unis, en Angleterre avant 1919, en Belgique, les membres du Parlement se classent suivant des étiquettes fixes, claires, peu nombreuses, correspondant à de fortes organisations dans le pays. En France, il en est tout différemment. Notre Parlement se fractionne en une douzaine de groupes, suivant des nuances souvent insaisissables et qui ne correspondent à aucune organisation réelle dans le corps électoral. Les dénominations adoptées pour désigner ces groupes accroissent la confusion par leur défaut de clarté : on ne voit pas nettement, par exemple, ce qui peut distinguer le « groupe indépendant » du « groupe des députés non inscrits aux groupes ». Les gens que l'on qualifie de conservateurs réclament une refonte complète de nos institutions politiques ; tandis que les « radicaux » paraissent assez satisfaits de l'état de choses établi. Sans doute, il y a, comme dans tous les pays, une droite et une gauche, incarnant les deux tendances fondamentales de l'homme, la conservation et le progrès, la raison et l'imagination, l'ordre et la liberté, le respect des droits des possédants et la préoccupation des besoins des masses, le maintien de la famille traditionnelle et la liberté des individus, etc. Mais si l'on voulait établir dans les Chambres une ligne de démarcation en se servant de ces divers jalons, on serait bien embarrassé pour la placer. Peut-être le critérium le plus sûr serait-il encore l'opinion au sujet de la place des Églises dans l'État, des libertés religieuses, des rapports avec le Saint-Siège, etc. Les questions religieuses, ignorées aux Etats-Unis, déchirent notre pays depuis des siècles.

La Chambre (et le Sénat a suivi son exemple) a dû se diviser officiellement en groupes (article 12 du règlement) en vue de l'élection de ses commissions suivant le principe de la représentation proportionnelle. Voici donc quel était son état, au 9 novembre 1918, d'après le *feuilleton* n° 505 : 1° *groupe des Droites* ; ses douze membres s'affirment catholiques et même monarchistes ; l'homme le plus marquant en est M. Denys Cochin ; 2° *groupe de l'Action libérale* : ses 19 membres se réunissent sous la présidence de M. Jacques Piou, chef de la ligue portant le même titre que le groupe. Ce sont des libéraux catholiques, défenseurs des libertés religieuses, résignés à la forme républicaine du gouvernement mais réclamant des réformes (déclaration des droits garantie par une Cour suprême, referendum, décentralisation) et partisans d'institutions économiques dans un esprit de paix sociale. Les deux premiers groupes peuvent être considérés comme constituant la droite de l'Assemblée. 3° A côté, s'en séparant par des nuances souvent imperceptibles le *groupe Indépendant* (22 membres) qui comprend M. Maurice Barrès ; 4° puis vient le *groupe des Députés non inscrits aux groupes* (13 membres) comprenant en majorité des députés partisans des libertés religieuses (tels que l'abbé Lemire) mais prêts à voter avec les partis de gauche sur les questions économiques et politiques. En allant toujours de la droite vers la gauche, on rencontre des groupes républicains modérés ; 5° le groupe de la *Fédération Républicaine* (32 membres) ; les députés qui le composent sont qualifiés couramment, dans le pays, de *progressistes* ;

il comprend de grands intellectuels (Beauregard, Charles Benoist), de grands industriels (de Wendel) ; ce n'est pas un groupe d'opposition : M. Louis Marin a été rapporteur général du budget en 1918 ; 6° *gauche démocratique* (28 membres), groupe bourgeois modéré. Depuis le triomphe du parti radical ces six premiers groupes, qui ont souvent soutenu les ministères républicains, ne leur ont pas fourni de membres : il y a eu deux exceptions : M. Denys Cochin (droite) a fait partie des ministères d'union sacrée au lendemain de l'agression allemande ; M. Thierry (progressiste), mort à l'ambassade d'Espagne, est entré dans plusieurs combinaisons ; 7° avec le groupe des *républicains de gauche* (49 membres) on entre dans la catégorie des « ministrables » : ce groupe comprend M. Paul Deschanel, qui tend à devenir le président professionnel de la Chambre, MM. Abrami, Barthou, Léon Bérard, Georges Bureau, Etienne, Lebrun, Leygues, Maginot, Siegfried, Thomson, ministres ou anciens ministres ; 8° on trouve ensuite la *gauche radicale* (56 membres), également pépinière de ministres (MM. Boret, David, Delcassé, Desplas, Dumont, Guernier, Masse, Morel, Péret...) bien difficile à distinguer de la précédente, si ce n'est, et seulement chez quelques-uns de ses membres, par un anticléricalisme peut-être plus marqué ; 9° *L'union républicaine radicale et socialiste* comprend seize membres qui pourraient aussi bien être inscrits à d'autres groupes : MM. Ignace, Klotz, Millérand, Tardieu... 10° je me déclare incapable de les différencier des 26 membres du *groupe républicain socialiste* auquel sont inscrits MM. Augagneur, Painlevé, Viviani ; 11° ceux-ci ne se distinguent d'ailleurs que par des nuances du groupe le plus nombreux de la Chambre : le *groupe du parti*

républicain radical et radical socialiste (158 membres),
qui a dans le pays une organisation, comprenant surtout un état-major et peu de soldats disciplinés. Aux
premiers temps de la République, le parti radical avait
un programme : séparation des Eglises et de l'Etat, fiscalité démocratique, suppression du Sénat et de la Présidence de la République. Certaines de ces réformes sont
réalisées, d'autres abandonnées. Il reste un parti bourgeois et anticlérical. Il se caractérise aussi par ce fait
qu'il contient beaucoup de soldats et très peu de chefs :
quoique le plus nombreux à la Chambre, il n'a pas pu,
qu'un seul moment, avec M. Brisson et M. Doumer,
fournir un président à cette Assemblée ; pendant de
longues années, tout en fournissant de nombreux ministres, il a été obligé d'aller chercher dans les autres
groupes les chefs du gouvernement. C'est un groupe
sans *leader*, surtout depuis que M. Bourgeois a émigré
au Sénat, et ce simple fait suffit à distinguer profondément le parlementarisme français du parlementarisme
anglais ; 12° enfin, à l'extrême gauche siègent les
95 membres du *parti socialiste*. Quoiqu'il y ait une exagération certaine dans sa prétention de représenter la
« classe ouvrière », il n'en reste pas moins que c'est le
seul groupe de la Chambre qui s'appuie dans le pays
sur une organisation effective de membres cotisants. Il
s'affirme le plus souvent comme un parti d'opposition aux gouvernements bourgeois ; il n'a fourni
qu'exceptionnellement des ministres : M. Jules Guesde,
qui a siégé à côté de M. Denys Cochin dans le ministère
d'Union sacrée ; M. Albert Thomas, ancien ministre de
l'armement pendant la guerre. Il s'est justement glori-
fié, pendant de longues années, de la personnalité de
Jean Jaurès.

En somme, il y a deux groupes d'opposition : la droite, dont les membres votent souvent d'ailleurs pour le gouvernement, et qui est trop minuscule pour espérer renverser un gouvernement et prendre sa succession ; à l'autre extrémité de la Chambre, le parti socialiste, qui peut gérer un gouvernement, mais qui n'est pas prêt à prendre sa succession. Entre ces deux extrêmes, un centre énorme avec toute une gamme de couleurs nuancées. *Nous n'avons pas d'opposition.* Il en résulte : 1º Le président de la République jouit d'une grande liberté dans le choix des ministres, ne recevant pas d'indication impérieuse de la Chambre. 2º Les ministères sont instables, ne sachant où s'appuyer. 3º Il y a beaucoup de *ministères*, mais ils sont le plus souvent composés des mêmes *ministres*. Cet *état de fait* imprime au régime politique français un caractère tout particulier, que les revisions constitutionnelles seraient impuissantes à modifier.

II

FONCTIONNEMENT DU PARLEMENT

Non permanence théorique ; en fait, continuité de l'activité du Parlement. — La règle qui domine le fonctionnement du Parlement est bien caractéristique de l'esprit de notre constitution : le Parlement n'est pas *permanent.* Il ne peut pas exercer ses fonctions quand il lui plaît, mais seulement pendant certaines périodes de l'année que l'on appelle les sessions. Notre constitution a donc abandonné sur ce point la tradition républicaine qui laissait pleine liberté au Parlement ; mais elle devait à la volonté transactionnelle qui domine toute son œuvre de ne pas adopter au contraire la pure tradition monarchique, d'après laquelle le Parlement ne se réunit que lorsqu'il plaît au chef de l'Etat de le convoquer.

Le système de la constitution se caractérise par la distinction entre la *session ordinaire* et les *sessions extraordinaires*.

Tous les ans, le second mardi de janvier, le Parlement s'assemble de plein droit : c'est la *session ordinaire*. Mais si la constitution elle-même convoque le Parlement, le gouvernement reprend sa prérogative lorsqu'il s'agit de le renvoyer : le gouvernement peut clore la session à partir du moment où elle a duré cinq mois. — Mais encore la Constitution a pensé que, dans ce délai de cinq mois, le Parlement pouvait devenir agité, brouillon, menaçant pour la paix publique : le gouvernement peut suspendre la session, deux fois au plus, pour un mois au maximum à chaque fois ; ainsi les membres du Parlement iront se calmer auprès de leurs électeurs. D'ailleurs, l'ajournement ne diminue pas la durée *utile* de la session ordinaire : si le Parlement a été ajourné une fois, la session ne peut être close que 6 mois après le second mardi de janvier ; s'il a été ajourné deux fois, sept mois après cette date. D'ailleurs il n'a été fait usage qu'une seule fois de cette importante prérogative gouvernementale (par le maréchal de Mac-Mahon, au moment du Seize Mai).

Le Parlement peut en outre être convoqué en *session extraordinaire* par le gouvernement qui ouvre et clôt cette session quand il le juge utile. La session extraordinaire est d'ailleurs devenue tout ce qu'il y a de plus ordinaire : elle a lieu tous les ans. Le Parlement ne faisant jamais le budget dans la session ordinaire, le gouvernement se trouve contraint de le convoquer régulièrement vers le mois d'octobre.

Dans ce dosage délicat des traditions républicaines et des traditions monarchiques, une concession a été faite aux premières : le Président de la République doit convoquer les Chambres si la demande est faite par la majorité absolue de leurs membres : c'est là une disposition restée à l'état de lettre morte. Elle est d'ailleurs inutile en présence du fait, contraire aux intentions des constituants, de la quasi continuité de l'activité du Parlement. Les inconvénients de cette déformation des règles constitutionnelles ont été d'ailleurs souvent signalés : l'activité du Parlement devient brouillonne ; les séances à scandale se multiplient ; les intrigues se développent ; l'agitation se répand dans le pays ; il y a trop de lois ; les ministres contraints de défendre quotidiennement leur existence n'ont plus de temps à consacrer aux intérêts du pays...

Chaque Chambre élit son bureau. — Chacune des Chambres élit un certain nombre de ses membres avec la mission de diriger ses travaux : un président, des vice-présidents, des secrétaires, des questeurs (ceux-ci chargés de l'aménagement matériel du palais, de la direction du personnel auxiliaire, de l'ordre et de la sécurité dans le palais législatif). Ce bureau est élu pour un an.

Les présidents de nos assemblées sont de grands personnages dans l'Etat. Ils viennent, dans les solennités publiques, immédiatement après le Chef de l'Etat. Ils sont logés dans des palais nationaux et touchent (en plus de l'indemnité parlementaire) une indemnité de

72.000 francs Le Président de la République ne constitue jamais un ministère sans les avoir préalablement consultés. Successivement, deux présidents du Sénat (MM. Loubet et Fallières) ont été élevés à la présidence de la République. — Le fauteuil présidentiel de la Chambre a été illustré par Gambetta. Depuis plusieurs années, il est occupé avec un rare éclat et une autorité exceptionnelle par Paul Deschanel, qui présente cette particularité qu'il n'a pas tenu d'autre grand emploi dans la République, qu'il est devenu une sorte de président professionnel et qu'il a été porté au fauteuil, à certains moments, grâce au scrutin secret, par une majorité qui l'aurait sans doute renversé s'il avait été ministre.

D'ailleurs, quoiqu'élu par la majorité, le Président n'a jamais le droit de se considérer au fauteuil comme le représentant d'un parti. Son impartialité est une règle coutumière mais absolue dans le droit constitutionnel français.

On ne peut d'ailleurs que souhaiter un accroissement de l'autorité effective du président des assemblées. Il ne faut pas que cette autorité se borne au maintien de l'ordre extérieur et de la décence des délibérations. Le président doit être le directeur des travaux de son assemblée ; il doit faire venir en ordre utile les délibérations urgentes, empêcher ces enchevêtrements saugrenus des discussions sur les sujets les plus divers et qui transforment ce procès-verbal d'une séance en un casse-tête chinois ; rappeler les orateurs à la question ; mettre une digue aux débordements indisciplinés de l'éloquence parlementaire ; appeler l'attention sur les points délicats des problèmes examinés... Si le président exerçait effectivement cette autorité et cette *direction*, quel rendement il assurerait au travail législatif !

Chaque Chambre fait son règlement. — Par des résolutions, c'est-à-dire par des actes qui valent exceptionnellement par le vote d'une seule Chambre, chaque Chambre fait son règlement. C'est un acte d'importance capitale ; car le règlement doit compléter, mais il peut aussi soit perfectionner, soit au contraire paralyser la constitution. Pour qu'on se rende compte de l'importance de ce document, il suffira de dire que tout ce qui concerne les interpellations est dans le règlement. C'est par conséquent le règlement qui organise d'une façon pratique la responsabilité des ministres, pièce essentielle du régime parlementaire. Puisqu'il arrête la procédure des travaux législatifs, le règlement est, dans une certaine mesure, responsable de leur rendement ou de leur stérilité.

Mode de votation. — C'est le règlement qui organise la manière de voter. Le vote est *public*, c'est-à-dire que, sauf en cas d'élection, il doit être possible de connaître dans quel sens s'est prononcé chaque parlementaire. C'est une règle qui ne va pas sans inconvénients ; elle induit le parlementaire en tentation de satisfaire ses électeurs plutôt que sa propre conscience et que les intérêts du pays. — 1° Le mode normal de votation est le vote dit *par assis et levés*, qui est en réalité un vote à mains levées. — 2° S'il s'agit de matières graves (ouverture de crédit autre qu'un crédit local, établissement ou modification d'impôt...), si l'épreuve par assis et levés ne donne qu'un résultat douteux ou enfin si un certain nombre de membres, 20 députés, le demandent, il y a lieu à *scrutin* : chaque membre dépose, dans le récipient qui lui est présenté par un huissier, un bulletin portant son nom imprimé, blanc pour l'adoption, bleu pour le rejet. — 3° Enfin, sur la demande signée d'un nombre plus

considérable de membres, il peut y avoir lieu à scrutin
public à la tribune, chaque membre devant porter lui-
même son bulletin à la tribune, quelquefois même sur
appel nominal. Le second mode de votation donne lieu
à la pratique regrettable du *vote par procuration*. Les
députés présents votent avec les bulletins des absents.
Il y a même des députés qui [font profession d'assiduité
et qui tiennent habituellement les boîtes de plusieurs de
leurs collègues : on les appelle quelquefois boîtiers. On
voit ainsi des séances où les députés sont une douzaine
sur les banquettes et où les votants se comptent par
centaines. Sans doute, un grand nombre ont l'excuse
d'être retenus « au sein des commissions » qui siègent
en même temps qu'a lieu la séance publique ; d'autres
travaillent à la bibliothèque..... Il n'en reste pas moins
que des mœurs pareilles ne consolident pas le régime
auprès de l'opinion. Et puis pourquoi maintenir tout cet
appareil de délibérations, de discussions, de discours,
puisqu'un grand nombre de membres votent sans y avoir
assisté, sans même savoir qu'ils votent !

Commissions. — C'est le règlement qui organise la
procédure du travail des Chambres. En principe, aucune
question ne vient devant une assemblée avant qu'elle ait
été étudiée par une commission dont les travaux sont
condensés dans un rapport. Il y a des commissions permanentes, ayant chacune une spécialité, et auxquelles
la Chambre peut renvoyer l'étude d'une question.
Il y a aussi des commissions spécialement constituées pour l'étude d'une question. Le règlement
veut, avec juste raison, que les commissions ne soient
pas exclusivement composées de représentants de la majorité : dans cet esprit, il a admis deux modes de nomination : 1° la nomination par les bureaux. Chaque

mois, tous les membres de l'Assemblée sont répartis par le sort en un certain nombre de groupes (11 à la Chambre, 9 au Sénat) appelés bureaux ; chaque bureau nomme 1, 2, 3 ou 4 commissaires. Le règlement escompte que, à l'intérieur d'un certain nombre de bureaux, la majorité appartiendra à la minorité de la Chambre et que, par conséquent, cette minorité sera représentée dans la commission ; 2° par la représentation proportionnelle. — Tous les membres de chaque Assemblée ont été invités à s'inscrire à un groupe sous une dénomination politique (V. *supra*, sect. I). A chaque groupe est attribué, en proportion approximative du chiffre de ses adhérents, un certain nombre de commissaires. Voici par exemple, en 1919, la répartition pour une grande commission de 44 membres : Droite, 7 ; non inscrits, 2 ; Indépendants, 1 ; Action libérale, 2 ; Gauche démocratique, 2 ; Fédération républicaine, 3 ; Républicains de gauche, 4 ; Union républicaine radicale et socialiste, 1 ; Gauche radicale, 9 ; Républicains socialistes, 2 ; Radicaux socialistes, 13 ; Socialistes, 8. Chaque groupe désigne lui-même ses commissaires : sauf à la Chambre, en séance publique, à ratifier ces choix. Cette ratification n'est d'ailleurs qu'une simple formalité : elle consiste en ce que le Président, dans le brouhaha du début des séances, lit le nom des commissaires au milieu de l'inattention générale.

C'est un honneur extrêmement recherché que d'être désigné comme rapporteur. Un rapport bien fait met son auteur en lumière : c'est d'importance lorsque « les Chambres sont les arènes où se dispute le pouvoir ». Le rapporteur du budget d'un ministère se regarde facilement comme désigné pour gérer ce ministère : la commission du budget, a-t-on dit, est une « commission de successeurs ». Les rapports constituent souvent des documents précieux. Leur ensemble témoigne qu'il y a, dans les Chambres démocratiques, une grande ardeur au travail et un dévouement remarquable à la chose publique.

Chaque fruit a sa chenille : le système des commissions, qu'ignore encore l'Angleterre (qui va peut-être l'adopter) ne va pas sans inconvénients. Les présidents des commissions permanentes se considèrent comme des ministres *in partibus* assez disposés à gêner l'action des ministres responsables ; les commissaires sont assez disposés à gonfler artificiellement leur importance. Un jeune député chargé d'un rapport, a-t-on dit, c'est Bonaparte au siège de Toulon : l'important n'est pas de faire du travail rapide et utile mais d'attirer l'attention ; dans ce but, il bouleversera, si c'est nécessaire, les projets les mieux établis, recommencera tout sur nouveaux frais, et s'il ne peut faire un rapport remarquable fera tout au moins un rapport énorme. Les commissaires ne sont pas des techniciens : il faudrait adjoindre aux services de la présidence un service juridique, un comité de rédaction, composé de personnalités éminentes.

Peines disciplinaires. — Le changement de ton et de tenue, que nous avons signalé comme conséquence de l'avènement du suffrage universel, a eu sa répercussion sur le règlement. Les Chambres censitaires, qui étaient encore des salons, ne connaissaient que des moyens moraux pour rétablir l'ordre troublé. En 1823, Manuel fut expulsé pour la session par une décision de la Chambre qui ne s'appuyait sur aucune disposition réglementaire. Les Chambres démocratiques ont dû établir, par leur règlement, une échelle graduée de peines. C'est par exemple à la Chambre : 1° le rappel à l'ordre ; 2° le rappel à l'ordre avec inscription au procès-verbal, entraînant la privation pendant quinze jours de la moitié de l'indemnité. Ces deux premières peines sont prononcées par le Président ; 3° la censure simple, prononcée par la Chambre sur la proposition du Président, entraîne privation pendant un mois de la moitié de l'indemnité parlementaire ; 4° la censure avec exclusion temporaire, prononcée dans les mêmes conditions, entraîne interdiction de participer à 15 séances et la privation pendant 2 mois de la moitié de l'indemnité parlementaire. Le député qui essaie de reparaître malgré l'interdiction peut être frappé d'exclusion pendant 40 séances, et il peut même être interné pendant trois jours dans le « petit local ». — Le règlement du Sénat contient des dispositions analogues, mais le calme de cette Assemblée a rendu inutiles certaines des rigueurs qui viennent d'être indiquées.

BIBLIOGRAPHIE. — Eugène PIERRE, *Traité de droit politique, électoral et parlementaire*, 4ᵉ éd , 1914. Cet ouvrage, dont l'auteur est depuis de longues années, secrétaire général de la Chambre des Députés, fait autorité en matière de droit parlementaire.

Charles BENOIST, *La réforme parlementaire*.

CHAPITRE IV

LA CHAMBRE DES DÉPUTÉS

La Chambre des députés est l'organe le plus important et comme le centre de la vie politique. On lui a reproché parfois d'avoir détruit à son profit l'équilibre voulu par les constituants de 1875, et, à certaines époques d'abdication apparente de l'exécutif et d'effacement du Sénat, on a pu dire que le régime théorique de séparation des pouvoirs tendait à se transformer en une sorte de gouvernement conventionnel.

Eligibilité. — Il n'y a que deux conditions d'aptitude à être élu député, en plus de l'électorat : 1° *l'âge de 25 ans* ; 2° *la déclaration de candidature*. Le cinquième jour avant celui de l'élection, le candidat doit faire à la préfecture, en personne, par mandataire ou lettre recommandée, la déclaration qu'il est candidat. A défaut de cette déclaration, il s'expose à des sanctions pécuniaires ; ses affiches seront lacérées et les bulletins à son nom seront nuls. Cette règle a été introduite par la loi du 17 juillet 1889. A cette époque le général Boulanger avait projeté de se présenter dans un très grand nombre de circonscriptions et de se faire donner par cette sorte de plébiscite indirect l'autorité suffisante pour tenter un coup d'Etat. La déclaration de candidature fut alors introduite comme sanction de *l'interdiction de candidatures multiples.* On ne peut se présenter que dans une seule circonscription et cette circonscription est celle où l'on a fait soit l'unique, soit la première déclaration de candidature. Il résulte de cette législation qu'on ne peut recevoir de ses concitoyens un témoignage spontané de confiance. En 1871, M. Voisin, emmené comme prisonnier civil en Allemagne, apprit dans sa prison que ses compatriotes de Versailles l'avaient élu député. Il en résulte aussi qu'on ne peut courir la chance de succès dans plus d'une circonscription et qu'on ne peut avoir l'autorité qu'en d'autre temps, des hommes comme Thiers, par exemple, reçurent de leur élection dans plusieurs départements. Cette limitation à la liberté des électeurs est une de ces dispositions inspirées par les circonstances dont la rigueur doit, sinon disparaître, du moins être atténuée.

Nombre des députés. — La démocratie a une tendance à instituer des assemblées nombreuses ; les régimes conservateurs souhaitent au contraire des assemblées plus restreintes, qu'ils présument, à tort ou à raison, plus calmes, plus modérées, moins envahissantes. — La Chambre des députés est moins nombreuse que notre première Constituante de 1789 qui réunissait 1.200 membres. Mais on la considère en général comme trop nombreuse encore : elle compte légalement, en vertu de la loi du 27 mars 1914, 602 membres. Ce chiffre est en corrélation étroite avec le mode d'élection qui va être étudié.

Le scrutin est uninominal. — La Chambre est la représentation de la France tout entière : l'idéal logique semblerait donc devoir être que la France formât un collège électoral unique qui voterait pour l'ensemble des députés. Cet idéal — si c'en est un — a le grave défaut d'être irréalisable pratiquement. Comment les électeurs arriveraient-ils à se rendre compte du talent, du caractère, de la moralité de 602 personnages ? — Il est donc nécessaire de diviser le pays en fractions dont chacune élira un certain nombre de députés : ces fractions portent le nom de *circonscriptions*. Si les circonscriptions sont assez petites pour n'élire chacune qu'un seul député, on a le *scrutin uninominal*. — Si, au contraire, le pays est divisé en circonscriptions plus étendues dont chacune est appelée à élire plusieurs députés, chaque électeur porte sur son bulletin *une liste* portant autant de noms qu'il y a de sièges à pourvoir dans la circonscription : on a alors le *scrutin de liste*. A l'heure actuelle, les députés sont élus au scrutin strictement uninominal. Cette règle était celle de la loi du 30 novembre 1875. Mais le scrutin uninominal avait été très vivement attaqué, notamment par Gambetta : président de la Chambre, en 1881, cet homme d'Etat n'avait pas hésité à descendre du fauteuil pour soutenir le scrutin de liste ; devenu chef du gouvernement, il essaya de faire consacrer ce mode de scrutin comme principe constitutionnel. Finalement, après la mort du grand homme, le scrutin de liste fut établi par la loi du 16 juin 1885. Or, les élections qui eurent lieu au mois d'octobre suivant donnèrent au parti républicain une chaude alerte : au premier tour de scrutin, les partis de droite, groupés dans l'union conservatrice, emportèrent 176 sièges, tandis que les républicains divisés n'en obtinrent que 127. Au second tour, grâce à l'union des républicains, rapprochés par le danger, il n'y eut que

25 conservateurs élus. La Chambre compta finalement 383 républicains et 207 conservateurs. — Le parti conservateur avait réuni 3.541.383 suffrages, au lieu de 1.789.767 aux précédentes élections ; les voix républicaines étaient tombées de 5.128.442 à 4.327.162. Un certain nombre de républicains rendirent le scrutin de liste, qui n'y était pour rien, responsable de cette alerte. D'autre part, le boulangisme menaçait et on voulait paralyser dans le pays les courants trop vifs d'opinion. La loi du 13 février 1889 rétablit le scrutin uninominal. Le scrutin de liste n'a donc fonctionné qu'une seule fois.

Le scrutin uninominal n'a pas eu d'adversaire plus illustre et plus déterminé que Gambetta. Ce « petit scrutin » favorise la pression gouvernementale ; l'arrondissement est le « champ clos, la vigne du seigneur que l'on va cultivant et binant. » ; il seconde le rôle de l'argent : « Timidement, clandestinement, on a acheté des voix... On a versé la corruption et le vin aux masses électorales... je dis que ce sont des mœurs qui commencent, mais que si vous maintenez le régime parcellaire appliqué au suffrage universel, elles vont se développer ; et vous auriez cette responsabilité devant l'histoire d'avoir inoculé la gangrène de l'argent à la démocratie française. » Le scrutin uninominal tourne autour des conflits de personnes, le grand scrutin de liste entraîne de grandes luttes d'idées ; le petit scrutin « est un miroir brisé où la France a peine à reconnaître son image. » L'expérience d'un quart de siècle n'a fait que confirmer ces appréciations sévères de Gambetta. Nous n'aurions qu'à choisir enfin les témoignages, contre ce petit scrutin, de ceux-là mêmes qui en sont les élus. Voici par exemple ce qu'en disaient MM. Etienne Flandin et Paul Bignon, l'un dans un rapport, l'autre dans une proposition de loi. « Il fait de l'élu, non le représentant des intérêts généraux de la nation, mais trop souvent le chargé d'affaires privées de ses électeurs ; il livre beaucoup à la corruption, et circonscrit dans les étroites limites d'un fief la pensée et l'action de l'élu. Il réduit ainsi le député à l'état de dépendance que Gambetta appelait l'assujettissement électoral. Le représentant, en bien des cas, n'est plus un représentant que dans le sens commercial du mot, le mandataire, auprès des pouvoirs publics, des ambitions, des intérêts particuliers. A quelle heure travaillerait-il ? Il marche, il marche ce *démarcheur*. S'il n'est pas à la Chambre, il fait anti-chambre ; s'il n'est pas aux commissions, il en fait. » Pour satisfaire ses élus, le député exerce une pression injustifiée sur les ministres : c'est par le député que sont accordées les places et les faveurs. A son tour, le ministre s'asservit le député, au moyen de ces places et faveurs transformées en monnaie électorale : le député est assujetti aux électeurs, il essaie de s'assujettir les ministres, qui essaient de s'assujettir les députés. C'est un régime d'assujettissement général. Gambetta avait qualifié le petit scrutin de « miroir brisé » ; Briand l'a appelé le régime des « mares stagnantes ». Jaurès, reprenant la métaphore de Gambetta, ajoutait que c'est un miroir sale. Le scrutin uninominal paraît définitivement condamné.

L'arrondissement est la circonscription pour l'élection des députés. — Le scrutin de liste se faisait par départements ; le scrutin uninominal se fait par arrondissement. — En principe, chaque arrondissement administratif et chaque arrondissement municipal à Paris et à Lyon (V. *infra*, chap. IX) est appelé à élire un député. Si l'arrondissement a plus de 100.000 habitants, il élit un député par 100.000 habitants ou fraction de 100.000. Mais alors l'arrondissement est divisé en autant de circonscriptions qu'il a de députés à élire, de sorte que le scrutin reste toujours strictement uninominal. La population de l'arrondissement est officiellement constatée par le recensement quinquennal. La modification du nombre des députés qui en résulte ne s'opère d'ailleurs pas automatiquement. Elle doit résulter d'une loi spéciale.

Il était commode de faire coïncider les circonscriptions électorales avec les divisions administratives déjà existantes. L'inconvénient provient de ce que ces divisions sont extrêmement inégales. Ainsi il y a six arrondissements du Sud-Est (Puget-Théniers, Gex, Briançon, Sisteron, Castellane, Barcelonnette) qui, tous réunis, ne comptent que 34.417 électeurs ; il y a des arrondissements qui, à eux seuls, comptent autant et même plus d'électeurs, par exemple la 3ᵉ circonscription de Nantes qui en réunit 37.048. Cette circonscription n'élit qu'un seul député, quoiqu'elle compte 3.000 électeurs de plus que les six arrondissements qui élisent 6 députés. D'ailleurs Nantes 3ᵉ, Sceaux 2ᵉ, Versailles 1ʳᵉ, La Palice, Sarlat comptent 167.441 électeurs, soit cinq fois plus que les six petits arrondissements que nous avons indiqués, et avec cinq fois plus d'électeurs ont un député de moins. Il y a eu un député de la Loire-Inférieure qui avait réuni sur son nom 22.832 suffrages ; tandis qu'un de ses collègues des Basses-Alpes avait été porté à la Chambre par 1.785 voix. Il est certain que ce régime n'assure pas une représentation exacte de la nation. Nous ignorons d'ailleurs si, avec une organisation plus logique, la Chambre serait différente de ce qu'elle est. Personne dans tous les cas ne peut affirmer qu'elle serait ou meilleure ou pire. La représentation serait plus exacte.

Durée du mandat législatif. — Les députés sont élus pour 4 ans. Ce chiffre est encore une preuve de l'esprit de modération des constituants de 1875 : ils se sont tenus à mi-côte entre l'extrême démocratique de 1793 (un an) et l'extrême conservateur de la loi de Villèle : 7 ans. Notons encore que cette disposition, cependant grave, n'est pas protégée par le caractère constitutionnel et peut être modifiée par conséquent comme une disposition de loi ordinaire.

Rééligibilité immédiate et indéfinie. — Le député qui arrive à la fin de son mandat peut se représenter immédiatement devant les électeurs qui peuvent lui renouveler indéfiniment leur confiance. Cette règle a été l'objet d'assez vives critiques En dehors de l'attrait légitime qu'exerce le pouvoir sur toute âme ambitieuse, le mandat législatif présente assez d'avantages matériels pour que celui qui en est investi désire le garder. Dès lors, le député est tenté de sacrifier les inspirations de sa conscience au souci de sa réélection. La députation tend à devenir une carrière et, comme le disait le Président Poincaré, « le gagne-pain de politiciens d'aventure ». Si le député sortant n'était pas rééligible, il se préoccuperait exclusivement des besoins généraux du pays. Sans doute ! — Mais il est déjà assez difficile de réunir, par voie d'élection, plusieurs centaines d'hommes compétents. Il ne faut pas, tous les quatre ans, exposer le pays à la surprise d'assemblées complètement nouvelles qui feraient leur apprentissage à ses frais. Si, d'ailleurs, il y a deux cents députés « interchangeables » il y en a au moins une centaine, peut-être davantage,

qui sont l'honneur de la République et dont l'éloignement se ferait fâcheusement sentir dans la vie nationale.

Renouvellement intégral. — Tous les députés arrivent
le même jour à l'expiration de leur mandat. Certains
publicistes déplorent ce *renouvellement intégral* auquel
ils voudraient voir substituer le renouvellement partiel.
Leur principal argument est que ce mode de renouvellement peut causer de brusques sautes de politique, et
amener une Chambre complètement nouvelle, dénuée de
de toute expérience, et dont les membres devront
apprendre leur métier, peut-être aux dépens du pays.
— Jusqu'ici, cet argument a été démenti par les faits ;
tout renouvellement théoriquement intégral est en fait
un renouvellement partiel, un grand nombre de députés
conservant leur siège aux élections générales. C'est
d'ailleurs la meilleure réfutation du reproche d'inconstance et de versatilité trop souvent adressé à la démocratie française : M. de Mackau est resté député pendant
un demi-siècle, ayant obtenu pour la première fois son
siège sous l'Empire ; si la carrière de Brisson, entré à
l'Assemblée nationale en 1871, n'a pas atteint les dix
lustres, c'est que la mort est venue l'interrompre :
M. Ribot est entré pour la première fois à la Chambre
en 1878 et n'en est sorti que pour aller au Sénat ;
M. Paul Deschanel représente la même circonscription
depuis 1885 et il a encore une longue carrière devant
lui ; il en est de même de M. Barthou, entré dans la
politique en 1889. — D'ailleurs, la constitution de 1875
a fourni une preuve nouvelle de son esprit de transaction et de combinaison en mettant dans le Sénat cette
garantie de continuité et de stabilité qui est le renouvellement partiel.

BIBLIOGRAPHIE. — Joseph-Barthélemy, *Le problème de la compétence dans la démocratie*, 1918. Le chapitre II étudie comment est recrutée la Chambre et quelles sont ses méthodes de travail. On y trouvera des indications bibliographiques. Léon Jacques, *Les partis politiques sous la III⁰ République*, 1917.

CHAPITRE V

LE SÉNAT

Le Sénat de la constitution de 1875 a été calqué, tout au moins en ce qui concerne son rôle et ses attributions, sur la Chambre des Pairs de la Restauration et de la Monarchie de Juillet. Or, cette Chambre des Pairs elle-même avait été calquée sur la Chambre des Lords d'Angleterre.

Le Sénat est chargé, dans la constitution, d'une mission de modération, de pondération, de stabilité. Il doit opposer une résistance, tout au moins momentanée, aux entraînements irréfléchis de la Chambre des députés, plus jeunes, plus nombreux, émanation plus directe du suffrage universel.

Pour s'acquitter de ce rôle, il est pourvu d'attributions importantes, qui sont, en principe, les mêmes que celles de la Chambre des députés. Ainsi l'initiative des lois peut émaner aussi bien d'un sénateur que d'un député, le gouvernement peut à son gré déposer un projet de loi soit au Sénat, soit à la Chambre.

Il y a cependant à cette règle de l'égalité des attributions des deux Chambres un certain nombre d'exceptions. La première est immédiatement imitée de la constitution anglaise : les lois de finances doivent être d'abord portées devant la Chambre des députés et votées par elle. La Chambre, dit-on couramment, a un *droit de priorité* en matière financière. L'infériorité du Sénat est en théorie purement chronologique. Mais depuis plusieurs années, la Chambre des députés a pris l'habitude de reculer, jusqu'aux dernières heures avant l'ouverture de l'exercice, le vote du budget, de telle sorte que le Sénat, sous peine de faire commencer l'année sans budget, se voit contraint de bâcler l'examen de celui que lui envoie la Chambre ; il l'accepte, en général, avec des modifications très peu importantes, en faisant entendre, contre cette désinvolture de la Chambre populaire, des protestations aussi vaines que périodiques. — Cette infériorité du Sénat n'a d'ailleurs aucune raison d'être, puisque, à la différence de la Chambre des lords dont on lui a, un peu aveuglément, imposé les règles, le Sénat est la représentation, un peu indirecte sans doute, de l'ensemble des contribuables.

Le Sénat a, d'autre part, quelques attributions spéciales : et d'abord, tandis que lui-même ne peut jamais être dissous, la Chambre des députés ne peut être dissoute que sur l'avis *conforme* donné par le Sénat, à la demande du Président de la République. On pourrait être tenté de croire que cette attribution a été confiée au Sénat afin de limiter les pouvoirs du Président de la République. Historiquement, il n'en est rien. Le Maréchal de Mac-Mahon, président de la République au moment de l'élaboration des lois constitutionnelles, a craint que seul le Président de la République n'ose pas user de cette grave prérogative de la dissolution ; il a exprimé le vœu de pouvoir s'appuyer sur la haute autorité du Sénat.

Une autre attribution du Sénat a sa source dans les anciennes attributions judiciaires de la Chambre des Lords. Il peut être constitué en Haute Cour de justice. (V. *infra*, chap. X.)

Signalons enfin que le Sénat reçoit un rôle en rapport avec son caractère d'organe stable et permanent : dans le cas de crise exceptionnelle survenant par la vacance de la République alors que la Chambre des députés est dissoute, le Sénat se réunit de plein droit pour contrôler l'exercice du pouvoir exécutif par le Conseil des ministres. — Ce n'est que dans ce cas, ainsi que lorsqu'il est constitué en Haute Cour, qu'il peut exercer ses attributions en dehors du temps de la session nécessairement commune des deux Chambres.

Bornons-nous à mentionner ici, puisque nous nous proposons d'y insister plus tard, les règles essentielles de la composition du Sénat : il comprend 300 membres, élus pour neuf ans ; ses membres sont élus par les élus du suffrage universel, dont il doit être la concentration ; dans chaque département, les sénateurs du département sont élus par un collège qui se réunit au chef-lieu, sous la présidence du président du tribunal civil et qui comprend : les députés du département, les membres du Conseil général chargé d'administrer le département, les membres des conseils d'arrondissement, des délégués des conseils municipaux. — En principe, la condition personnelle des sénateurs est la même que celle des députés.

L'attention publique est concentrée sur la Chambre des députés et, quoi que fasse le Parlement, c'est à la Chambre des députés que l'on s'en prend. Quelque opinion que l'on ait sur l'opportunité de l'élévation de l'indemnité parlementaire, on est bien obligé de reconnaître qu'elle n'a pas accru la popularité des parlementaires. Or, si l'on a, à cette occasion, crié contre les députés, il n'a pas été question des sénateurs. L'opinion publique semble admettre beaucoup plus aisément le droit du Sénat d'espacer son travail, que celui de la Chambre à prendre des vacances. Lorsque l'on se plaint de la lenteur du travail législatif, on pense plutôt aux incohérences de la Chambre qu'à l'inertie du Sénat. N'est-ce pas le Sénat qui a rallumé en 1911 la petite guerre civile des délimitations ! Personne ne le lui a reproché. — Tous les vices du mode de scrutin sont, à la Chambre, soulignés quotidiennement ; on passe sous silence les vices du scrutin qui sert au recrutement de l'autre Assemblée. Le Sénat est comme un théâtre de rive gauche : il agit au milieu d'une inattention, peut-être affectueuse, peut-être déférente, sûrement indifférente.

L'opinion est naturellement plus attirée par l'œuvre de progrès de la Chambre, que par l'œuvre de sagesse du Sénat ; elle s'intéresse plus à l'initiative qu'à la réflexion, à l'imagination qu'à la raison. Cet effacement du Sénat dans les préoccupations publiques est hors de proportion avec l'effacement de son rôle dans les réalités de la vie politique. Sa discrétion et son silence ont contribué à lui acquérir un droit de cité dans la République, mais il ne faut pas s'y laisser tromper. Derrière cette discrétion et son silence, il y a une œuvre effective. Les votes qui attirent violemment sur lui l'attention publique sont rares. Mais le Sénat dispose et use de moyens d'action plus souples et plus sûrs ! il s'abstient, par exemple, de confirmer les projets de la la Chambre ; il les enterre. Son rôle n'est pas un sacer-oce *in partibus*.

I

LE SÉNAT ET LES PARTIS

L'institution sénatoriale a occupé, dans les débats constitutionnels de l'Assemblée nationale, une place très considérable.

Prévue dans les ouvrages qui eurent une influence si directe sur les hommes de 1871, *La France Nouvelle* et *Les Vues sur le gouvernement de la France*, l'existence d'une seconde Chambre formait, pour la majorité conservatrice d'alors, un axiome, un dogme indiscutable. Elle fut même la condition *sine qua non* de sa résignation temporaire aux institutions républicaines. C'est pourquoi elle exigea que l'on organisât le Sénat, avant même qu'on eût décidé quelles seraient et la forme du gouvernement et les autres institutions constitutionnelles. L'article 5 de la loi du 13 février 1873 déclare : « L'Assemblée nationale ne se séparera pas avant d'avoir statué : 1° sur l'organisation et le mode de transmission des pouvoirs exécutif et législatif ; 2° sur la création et les attributions d'une seconde Chambre... » La première loi constitutionnelle à caractère définitif votée par l'Assemblée Nationale est la loi du 24 février 1875 relative à l'organisation du Sénat. C'est ainsi que s'explique la parole, au premier abord surprenante, de l'un des chevau-légers de l'extrême droite, M. de Belcastel : « La Constitution de 1875, c'est avant tout un Sénat ». A l'opposé, le principe de l'unité de Chambre apparaît comme l'un des dogmes les mieux établis de la doctrine

traditionnelle du parti républicain. Gambetta, en invi-
tant ses amis « à regarder vers la trouée des Vosges »,
obtint d'eux qu'ils commissent à l'égard de leurs principes, dans l'intérêt supérieur de la patrie, une infidélité
nécessaire et qui ne devait être que momentanée. Il
s'agissait, suivant une image plusieurs fois employée, de
conserver allumé, pendant la traversée difficile d'une
place ouverte à tous les vents, le flambeau de la République ; lorsqu'enfin on pourrait la remettre à l'abri, la
flamme se redresserait, brillerait d'un éclat nouveau et
d'une pureté sans mélange. On supprimerait les tares
monarchistes de la constitution républicaine : la Présidence de la République, le Sénat. La destruction de
ces deux institutions fut, au début de notre république,
l'article fondamental du Credo du parti radical.

Aujourd'hui, la suppression du Sénat n'est plus, pour
aucun parti, un problème véritablement, sincèrement
actuel. Certains membres du parti radical, comme pour
interrompre la prescription, affirment bruyamment, de
temps à autre, leur fidélité à cet archaïsme de leur programme. La flamme n'y est plus. Il n'est pas défendu de
constater que cette évolution a coïncidé avec la conquête de la majorité du Sénat par ce parti.

Nous devons signaler aussi que la résistance du Sénat
à certaines réformes ouvrières soulève parfois la mauvaise humeur du parti socialiste.

Dans l'ensemble, on peut dire que les doctrines républicaines ont subi, à l'égard de l'institution de la seconde
Chambre, une évolution analogue à celle qui s'était faite
dans l'esprit de Gambetta : d'abord, difficilement ré-
signé à l'institution sénatoriale, ce grand républicain en
était, au bout de peu d'années, devenu le partisan ré-
solu et réfléchi. En 1882, il déclarait que la dualité de

Chambre est « le principe constitutif de tout gouvernement parlementaire, et encore, malgré les errements
antérieurs, le principe constitutif de tout gouvernement
démocratique ».

II

RÉSULTATS DONNÉS DANS LA PRATIQUE PAR LES MOYENS IMAGINÉS PAR L'ASSEMBLÉE NATIONALE POUR FAIRE DU SÉNAT UNE INSTITUTION DE RÉSISTANCE

Cette intention de l'Assemblée Nationale se dégagerait
par elle-même de l'organisation qu'elle a donnée à la
seconde Chambre. Mais elle a été proclamée aussi claire-
ment, aussi expressément qu'on peut le désirer : « Il faut,
dit Antonin Lefebvre-Pontalis, il faut savoir donner à la
démocratie des barrières et des digues. Eh bien ! la
deuxième Chambre, voilà cette barrière, voilà cette
digue ».

Ce caractère du Sénat, c'était d'ailleurs le motif de
l'opposition, qu'au début de la troisième République on
pouvait croire irréductible, du parti radical contre cette
institution : « la raison décisive contre le Sénat est, par
essence, qu'il est l'instrument de résistance contre le
suffrage universel, contre le « nombre », comme on
disait à l'Assemblée Nationale pour désigner la souveraineté nationale »...

L'Assemblée a réalisé cette intention par les mesures
suivantes :

1º Elle a fait du Sénat une assemblée peu nombreuse ;

2° elle a attribué à ses membres une longue durée de pouvoir, en y ajoutant le renouvellement partiel ; 3° elle a institué des conditions spéciales d'électorat et d'éligibilité.

1° **Le Sénat est peu nombreux, afin qu'il soit calme.** — Il compte 300 membres. — C'est un axiome de la science constitutionnelle que les Assemblées nombreuses sont turbulentes, tumultueuses quant à l'extérieur, et, quant au fond, sensibles aux mouvements emportés et irréfléchis. Le Sénat, étant une assemblée pondératrice, devait être peu nombreux. C'est en partie à cette restriction du nombre qu'est dû le « ton » particulier des débats de la Haute-Assemblée, différent de celui de la Chambre populaire. Le Sénat n'est pas une « foule » que l'on parvient facilement à émouvoir.

Cette infériorité de leur nombre met les sénateurs en état de minorité dans le cas où ils doivent se fondre avec les députés pour former des assemblées nouvelles : Congrès, appelé à élire le Président de la République, Assemblée nationale, chargée de la revision de la constitution. On en arrive à ce résultat que les 161 sénateurs qui ont momentanément arrêté la réforme électorale, le 18 mars 1913, auraient été impuissants à arrêter la revision constitutionnelle, une fois qu'elle aurait été mise en mouvement.

Il en résulte aussi que la Haute-Assemblée peut avoir soit une politique, soit un candidat différent de celui de la Chambre des députés : il peut en résulter aussi que, dans les circonstances où députés et sénateurs confondent leurs personnalités dans une assemblée nouvelle, le Sénat puisse se considérer comme vaincu, comme écrasé : il en garde dès lors quelque rancune qu'il sera tenté d'assouvir à la première occasion, lorsque, revenu dans son palais, il se trouvera redevenu l'égal de l'autre Chambre.

2° **Les sénateurs ont été mis à l'abri des emportements démocratiques par la longue durée du mandat et le renouvellement partiel.** — Par ces deux mesures, le constituant de 1875 a voulu assurer la continuité des tendances et l'esprit de tradition.

Une Chambre des députés vient d'être élue ; elle représente par conséquent l'opinion actuellement triomphante ; elle a en face d'elle un Sénat qui représente des consultations anciennes, et même très anciennes, du suffrage universel. Le tiers du Sénat qui est le premier à sortir ne représente pas, comme on le dit quelquefois, des idées anciennes de neuf ans : il ne faut pas oublier que le Sénat est élu lui-même par des élus ; de sorte que les sénateurs touchant à la fin de leur mandat peuvent représenter des consultations du suffrage universel anciennes de près de treize ans, si l'on considère dans leur collège électoral les députés et les délégués municipaux, de près de quinze ans, si l'on considère les conseillers généraux. L'élection par le suffrage universel, souhaitée par quelques-uns, rapprocherait le Sénat de la Chambre, non seulement par son origine, mais par la date des idées qu'il serait appelé à représenter. — Le constituant de 1875 a donc voulu que le Sénat fût en retard sur la Chambre des députés, il a prévu le conflit ; on peut même dire qu'il l'a souhaité. Ce vœu s'est, à plusieurs reprises, réalisé. Aux débuts de la République, le Sénat « centre et Mac-Mahonien » s'est fait le complice, contre la Chambre républicaine, de l'entreprise du Seize Mai. Autant que l'on peut juger des événements contemporains, on peut se demander si, à l'heure actuelle, il n'y a pas, entre les deux assemblées, une opposition analogue de doctrines, quoique les termes en soient changés. Au commencement de l'année 1919 (les élections ont été, il est vrai, retardées par la guerre) un premier tiers du Sénat date de 1906, un second tiers de 1909, le troisième de 1912. Le Sénat est donc toujours en retard de plusieurs années sur la politique du pays et de la Chambre.

3° **L'électorat et l'éligibilité ont été organisés en vue du rôle pondérateur du Sénat.** — Le Sénat ne doit être composé que d'hommes mûrs : il y a une seule condition d'éligibilité : c'est l'âge de 40 ans. — Les garanties ont été surtout cherchées du côté de l'électorat. L'Assemblée Nationale voulait créer un contrepoids à la force du nombre : le duc de Broglie et M. Lefebvre-Pontalis lui avaient proposé de faire élire les sénateurs par l'élite sociale, par « tout ce qui s'élève par le mérite, par l'expérience, par les services rendus, par la fortune acquise ». Mais l'Assemblée ne tarda pas à s'apercevoir que les listes proposées pouvaient servir « pour les invitations aux bals des préfectures » mais qu'elles ne pouvaient donner de force suffisante à une Assemblée élue dans une démocratie. Elle se résigna à faire du Sénat « le résumé et comme la concentration de tous les corps directement issus du suffrage universel » (Gambetta).

La constitution réservait au Sénat lui-même un rôle important dans son propre recrutement : 75 sénateurs, élus pour leur vie entière, étaient choisis par le Sénat lui-même. L'institution des « sénateurs inamovibles » assurait le recrutement d'une élite, dispensée du souci de la réélection et des soins d'une circonscription et qui pouvait, par conséquent, se consacrer sans arrière-pensées aux intérêts généraux du pays. L'institution a succombé, en 1884, sous les coups de *l'invidia demo-cratica*. Elle a cependant fonctionné assez longtemps pour qu'il soit permis de la regretter : parmi les 16 titulaires de sièges inamovibles, nous relevons les noms de Laboulaye, Barthélemy Saint-Hilaire, Wolowski, Ernest Picard, Littré, Schérer, Crémieux, Scheurer-Kestner, Bérenger, Jules Simon, Dupanloup, Allou, Bardoux, Berthelot, Broca, Emile Deschanel, Dufaure..... Lorsque l'institution fut supprimée en 1884, les inamovibles en fonctions conservèrent leur siège : le dernier, M. de Marcère, est mort en 1918.

a) *Le Sénat actuel ne représente pas le nombre, et il ne représente plus les communes.* — L'Assemblée Nationale avait une théorie : à côté du nombre, représenté par la Chambre, elle instituait la représentation du seul groupe existant : la Commune. Chaque commune déléguait, par l'organe de son conseil municipal, un délégué et un seul délégué. Victor Hugo fut ainsi délégué de la ville de Paris. Le Sénat était le « grand Conseil des communes de France » (Gambetta). Mais, en outre de cette vue doctrinale, le système s'appuyait sur une conception politique qui n'était pas sans habileté : les grandes villes sont politiquement avancées ; les commissions rurales sont politiquement conservatrices. Le système de l'égalité des communes dans le collège sénatorial assurait donc la majorité aux petites communes conservatrices.

Lorsque les républicains se furent emparés de la République, après la chute de Mac-Mahon, ils pensèrent aussitôt à changer ce système : la revision de 1884 a eu pour résultat de *faire varier* le nombre des délégués sénatoriaux suivant le nombre des conseillers municipaux : mais on est encore extrêmement loin de la *pro-*

portionnalité du nombre des délégués à celui des habitants des communes. Les grandes villes restent encore sacrifiées : Marseille, avec ses 500.000 habitants a 24 délégués, mais 17 villes des Bouches-du-Rhône, qui n'ont à elles toutes que 30.000 habitants, ont aussi 24 délégués. Sur 945 électeurs sénatoriaux de la Seine, Paris n'en possède que 110. La banlieue l'emporte ! Ces anomalies sont encore intentionnelles : avec l'unité du délégué communal, l'Assemblée Nationale de 1875, conservatrice, voulait favoriser les idées conservatrices ; le Parlement de 1884, républicain modéré, a entendu favoriser les idées républicaines modérées : il a cru qu'elles étaient principalement représentées dans les petites villes, les bourgs, les chefs-lieux de canton, volontiers républicains, facilement anti-cléricaux, indifférents aux réformes sociales démocratiques. Ce sont les caractéristiques du Sénat actuel.

b) Le collège électoral du Sénat est exposé à la corruption et à la pression administrative. — Plus est restreint le collège électoral, plus est grande la tentation de corrompre. Quelques voix décident du succès : on fera tout pour les obtenir. Sans doute, il s'agit d'une élite : la corruption sera plus difficile qu'avec le suffrage universel. Elle sera surtout différente. Je n'ai jamais entendu parler de corruption par argent : en des temps anciens, M. Clemenceau a reproché à des candidats des « attentions » pour leurs électeurs : dîners, théâtres, etc. La plaie des élections sénatoriales, comme en témoignait le sénateur Pelletan (*Dépêche*, 11 janvier 1912) c'est la corruption par promesses : les candidats promettent de mettre leur influence au profit des électeurs, des amis ou des communes de ces derniers. Par là, l'élection sénatoriale est le domaine de la pression administrative.

le premier délégué du conseil municipal c'est, en fait, le maire ; or, dans notre régime de centralisation, le maire a besoin du préfet.

c) Le collège électoral du Sénat comprend en grosse majorité des bourgeois. — En dépit de l'avènement de la démocratie, les classes dirigeantes conservent leur prestige : fonctionnaires, propriétaires, écrivains, orateurs, professeurs, dirigent encore l'opinion. Ces « autorités sociales » figurent encore en majorité dans les Assemblées électives ; elles figurent seules dans le collège électoral du Sénat qui se trouve ainsi élu par 75.000 bourgeois.

d) L'émigration des notabilités de la Chambre au Sénat ; en fait, le mode actuel d'élection du Sénat assure l'entrée dans la Chambre haute des personnalités les plus éminentes du monde politique. — Il est rare que l'on entre de plain pied dans le Sénat, sans avoir passé par les autres fonctions électives. En fait, et, de plus en plus, les candidats qui ont le plus de chance de devenir sénateurs, ce sont les députés. Le « passage au Sénat » est considéré comme un avancement dans la carrière parlementaire. Les personnages politiques de tout premier plan émigrent au Sénat : une série d'anciens présidents du Conseil ont tenu à changer d'Assemblée : Léon Bourgeois, Méline, Dupuy, Clemenceau, Ribot, Pichon, Raymond Poincaré..... Les trois derniers présidents de la République, MM. Loubet, Fallières, Poincaré, ont été pris dans le Sénat ; cette Assemblée a également fourni huit présidents au Conseil sur treize de la fin de 1898 à la déclaration de guerre. Cet écrémage de la Chambre au profit du Sénat ne va pas sans dangers. La place des grandes autorités politiques est à la Chambre d'où part l'initiative et où se dessinent les grandes direc-

tions de la vie nationale. Elles doivent inspirer, diriger,
retenir en restant dans la place : c'est en vain qu'elles
espèrent pouvoir corriger en se tenant au dehors. Si
l'on veut empêcher cette marche des notabilités vers le
Sénat, il faut en rechercher la cause : ce qu'elles
cherchent à la Chambre haute, c'est la longue durée du
mandat, la rééligibilité presque assurée. Elles ne veulent
pas s'exposer tous les quatre ans aux fatigues d'une
campagne électorale et à ces échecs qui, en France, ont
atteint les plus hauts : Ferry, Clemenceau, Jaurès, A.
de Mun, Goblet, Brisson..... Ce sera un des nombreux
avantages de la représentation proportionnelle d'assurer
une quasi inamovibilité aux têtes de liste : alors les
hommes de haute valeur pourront vouer toute leur activité au service du pays dans l'Assemblée où elle peut
s'exercer de la façon la plus utile.

III

*CONFORMÉMENT AU VŒU DE LA CONSTITUTION
LE SÉNAT NE SUIT QUE D'ASSEZ LOIN LE MOU-
VEMENT DES IDÉES DE LA CHAMBRE POPULAIRE*

Le Sénat est fait pour résister ; il résiste. Mais il a sa
manière à lui. C'est rarement qu'il s'insurge ouvertement contre une mesure de la Chambre populaire. Il
aime mieux opposer la force d'inertie. La Chambre, au
milieu de la fièvre, a adopté une solution ; le projet voté
s'en va au Sénat, qui nomme tout doucement une commission, dont les travaux sont interminables. Pendant
ce temps, la Chambre ne peut plus s'occuper du problème qui est désormais « dérobé à ses délibérations ».

Peu à peu, d'autres problèmes viennent accaparer l'attention publique ; la question est enterrée. Lorsque, au bout de quelques années, le rapporteur dépose son travail, qui est discuté au bout de quelques mois, les ardeurs sont singulièrement calmées, les intransigeances sont émoussées. On est souvent à la veille des élections législatives ; et alors, de deux choses l'une : ou bien il s'agit d'une réforme du régime électoral, et on y renonce parce qu'il est trop tard ; ou bien, il s'agit d'une réforme promise aux électeurs, et alors les députés subissent toutes les exigences du Sénat pour ne pas se présenter devant les électeurs les mains vides.

Souvent, pour vaincre la résistance du Sénat et le contraindre à accepter une réforme, la Chambre l'insère dans le budget. Alors le Sénat emploie un procédé qu'il dirige aussi contre les dispositions fiscales graves dont cependant la place normale est dans la loi de finances : il déclare que ces dispositions exigent des débats plus larges et plus profonds que ceux qu'on est obligé de leur accorder lorsqu'il s'agit d'en finir avec le budget. Le Sénat ne rejette pas directement ces dispositions : il les disjoint. Le prétexte de la disjonction est la nécessité d'un examen spécial et plus approfondi. Mais cet examen, on le reculera jusqu'aux dernières limites possibles, avec le vœu secret de n'y jamais procéder. Ainsi au mois de juillet 1911, le Sénat a disjoint des mesures fiscales graves, comme les réformes des droits de succession et celle des droits de mutation ; au mois de décembre de la même année, il a disjoint des dispositions de la loi du budget modifiant la loi du 5 avril 1910 sur les retraites ouvrières.

Si nous essayons de dégager la politique que le Sénat fait, soit par une résistance ouverte, soit par des procédés détournés, nous voyons d'abord que : **1° Le Sénat actuel est assez avancé au point de vue purement politique.** — S'il est vrai qu'une partie de l'Assemblée nationale voulait faire du Sénat une machine de guerre contre la République, elle s'est singulièrement trompée dans ses calculs. En 1876, il y eut, il est vrai, une majorité conservatrice, mais, dès 1877, le Sénat compta 177 républicains, qui furent 201 en 1882, 233 en 1885, 244 en 1891, 247 en 1894 ; aujourd'hui, la droite ne comprend qu'une vingtaine de sénateurs. — Depuis 1879, le Sénat a donc vu croître d'une façon incessante sa majorité républicaine ; évidemment, sa politique fut d'abord très modérée : c'est ainsi qu'il refusa de voter le fameux article 7. — Ce furent ses tendances conservatrices qui lui firent combattre, en 1896, le ministère Bourgeois-Doumer. — Mais depuis ce dernier sursaut, la majorité est allée plus à gauche ; pénétrée de l'esprit du parti radical, elle est assez avancée au point de vue politique et réserve ses résistances à la politique sociale. Le Sénat de l'heure présente est tout différent du Sénat qui essayait de résister à la politique de laïcité de Jules Ferry, et votait, au 14 décembre 1880, l'amendement Jules Simon : « Les maîtres enseignent à leurs élèves leurs devoirs envers Dieu et envers la Patrie ». Le Sénat s'est associé à la politique anticléricale des ministères Waldeck-Rousseau et Combes : il s'est associé sans résistance aux mesures contre les congrégations ; il a voté rapidement, et sans modifications, la loi de séparation des Églises et de l'État.

2° Le Sénat est hostile aux systèmes d'impôts à tendances démocratiques. — Il les considère comme de nature à effrayer la richesse acquise et surtout à décourager le travail et l'épargne. Sans doute, on s'est plaint à

plusieurs reprises que la Chambre ait mis le Sénat hors
d'état d'exercer utilement ses prérogatives budgétaires.
La loi de finances doit en effet être votée en premier
lieu par la Chambre des députés ; or, il arrive très souvent que la Chambre garde le budget jusqu'à la dernière extrémité et ne l'envoie au Sénat que quelques
jours, et parfois quelques heures avant le commencement de l'année à laquelle il s'applique. Le Sénat se
trouve ainsi privé de cette faculté, dont usent toutes les
Chambres dans les pays parlementaires de transformer
la discussion du budget en rendez-vous de toutes les
grandes discussions politiques. Très souvent il bâcle la
discussion du budget ; cela ne veut pas dire qu'il le vote
les yeux fermés et la Chambre le sait bien. Depuis 1906,
il est arrivé plusieurs fois au Sénat de rejeter la somma-
tion déguisée de la Chambre et d'exiger le vote d'un ou
de plusieurs douzièmes provisoires.

Le Sénat peut donc avoir, et il a une certaine politique financière qui se manifeste par une hostilité non
déguisée aux systèmes d'impôts à intentions démocratiques. Il est adversaire des impôts somptuaires
(rejet en 1907 de l'impôt sur les classes gardées) ; il est
hostile à l'inquisition fiscale (rejet, en 1907, de l'impôt
sur les dépôts dans les établissements de crédit) ; il est
hostile à la fiscalité à intentions égalitaires (rejet, en
1910, de l'augmentation des patentes sur les maisons à
succursales multiples, augmentation qui se proposait
démocratiquement de favoriser les petites entreprises) ;
il résiste aux réformes qui frapperaient trop lourdement, à son gré, la richesse acquise : il retarde et
atténue l'augmentation des droits de succession ou de
mutation ; il a arrêté l'augmentation des droits de
succession pour les fils uniques ; enfin et surtout

il a arrêté, jusqu'à 1917, l'impôt sur le revenu.

3° **Le Sénat ne vote que de mauvais gré les lois imprégnées de socialisme d'État.** — Il est opposé à l'étatisme sous toutes ses formes ; cependant, s'y croyant contraint par des nécessités politiques, il a voté le rachat des chemins de fer de l'Ouest. M. Rouvier s'écria à cette occasion : « Il n'y a plus de Sénat ». — Il retarde les lois dites de protection ouvrière : il lui a fallu 4 ans, 3 mois et 1 semaine pour étudier la proposition, votée par la Chambre, relative au repos hebdomadaire. — C'est par le même procédé que la loi des retraites a été, pendant quatre ans, dérobée à l'ordre du jour de la Chambre. Quant à la loi sur la retraite des cheminots, le Sénat l'a retenue pendant sept ans sans l'inscrire à son ordre du jour ; de telle sorte que, votée pour la première fois par la Chambre en 1897, elle n'a abouti qu'en 1909. — Lorsque le Sénat se décide à voter ainsi une loi, la Chambre se hâte souvent d'accepter les modifications que le Sénat y a apportées, craignant que si la loi revenait du Luxembourg elle ne s'y endorme encore pendant des années.

CONCLUSION

Le Sénat résiste. Il a quelquefois tort : il est difficile de justifier ses résistances à la moralisation du scrutin, à la réforme électorale par la représentation proportionnelle, etc. Il n'en reste pas moins que le Sénat joue un rôle d'utilité primordiale comme organe de contrepoids.

4° Le Sénat impose des délais, non des obstacles infranchissables. — Le Sénat s'obstine rarement dans une attitude, en présence de la volonté franchement arrêtée et nettement résolue de l'autre Chambre. Il ne se reconnaît pas qualité pour s'élever indéfiniment contre les décisions de l'Assemblée populaire. C'est contrairement à ses propres principes qu'il a cédé en votant le rachat de l'Ouest et que, sur l'intervention de M. Ribot, il a lancé le pays dans l'aventure des retraites obligatoires. On lui a reproché, à cette occasion, de n'avoir ni doctrine ni philosophie. C'est possible. Il a eu, ce qui vaut mieux, une conception correcte du rôle de la seconde Chambre dans un pays représentatif. Il conseille, il ne juge pas ; il retient, il n'arrête pas. Il est le délai, non l'appel, la précaution, non l'entrave. C'est en « rechignant », concédons-le, qu'il suit la voie du progrès, mais enfin, il la suit. Nous ne pouvons pas lui en demander davantage.

B) *Le Sénat est utile comme frein.* — Je ne veux pas reprendre la métaphore surannée : le char du progrès. Au train dont vont les choses dans une démocratie, il faudrait la moderniser, en la rendant plus ridicule encore, en l'adaptant aux progrès de la traction mécanique. Et quels instruments de destruction seraient les véhicules modernes sans freins !

a) *Ce n'est pas au Sénat qu'il faut attribuer tous les retards dans la législation.* — Il y a une tendance trop généralisée, dans certains partis, à faire supporter au Sénat tous les retards de la législation. La Chambre, elle aussi, a sa part de responsabilité dans les retards : il y a trente ans qu'on a proposé la suppression du scandale de la publicité des exécutions capitales ! Tout le monde est d'accord sur ce point. Il y a quarante ans que tout le monde est d'accord sur la réforme judiciaire. Pourquoi ces réformes n'ont-elles pas été réalisées ? Pourquoi ?

b) *Lorsque l'on énumère les résistances du Sénat, il faut tenir compte de ce fait qu'elles sont souvent escomptées par la Chambre elle-même.* — Le devoir de la Chambre est de résister aux pressions démagogiques ; elle est souvent hors d'état de jouer ce rôle de salut public : le mode actuel de recrutement ne laisse pas aux députés toute la liberté d'action qu'eux-mêmes souhaiteraient.

Il leur arrive souvent de laisser passer le courant, espérant que le Sénat fera barrage par en-dessous. Ils escomptent le bénéfice de ces petites capitulations de conscience, et laissent au Sénat l'impopularité de la résistance. — Si les choses ne vont que rarement jusque-là, n'est-il pas fréquent que la Chambre vote un texte bâclé, inapplicable, comptant sur la revision que ne manquera pas de faire le Sénat ?

c) *La dualité de Chambres ne constitue pas un obstacle aux réformes véritablement urgentes.* — C'est une erreur de croire que le Parlement divisé en deux Chambres est un mécanisme trop lourd à mettre en mouvement et qui retarde le vote des mesures les plus urgentes. La loi du 17 juillet 1889, qui tendait à opposer aux entreprises boulangistes l'obstacle de l'interdiction des candidatures multiples, déposée à la Chambre le 13, était votée par le Sénat le 15 en dépit de la fête nationale. Les lois sur les menées anarchistes, sur l'augmentation de l'indemnité parlementaire, sont menées avec la même célérité (18 juillet 1894 et 13 novembre 1906).

d) *Les lois ne sont jamais faites avec assez de lenteur au point de vue de leur rédaction.* — Il sera toujours difficile d'obtenir d'une assemblée parlementaire qui a une tendance à se croire souveraine, par conséquent infaillible, qu'elle s'astreigne à la collaboration d'un corps de compétences, comme le Conseil d'Etat ; cette collaboration l'humilierait comme un contrôle, ou une tutelle. C'est donc dans le Parlement même qu'il faut créer les conditions de maturité de l'élaboration des lois. Il ne faut pas compter sur la règle de la multiplicité des lectures ; les Parlements y échappent toujours, par la porte, nécessairement laissée ouverte, de la déclaration d'urgence, ou par l'usage qui veut qu'il n'y ait qu'une seule délibération qui compte pratiquement. Reste la dualité de Chambres : et même avec cette garantie, les lois ne sont pas faites avec assez de lenteur et de précaution.

c) *Les lois doivent être faites lentement au point de vue du fond.* — Il vaut mieux quelques bonnes lois, que beaucoup de lois mauvaises ou simplement médiocres. Ce n'est pas un idéal que le fonctionnement intensif et continu de la machine législative. L'exemple des pays où fonctionne le referendum nous enseigne que l'on se fait souvent, dans les milieux politiques, de singulières illusions sur les vœux du pays à l'égard de telle ou telle réforme.

Le triomphe des idées syndicalistes a amené, parmi les fonctionnaires de l'Etat, des mœurs nouvelles : dans des congrès, dans des meetings, par des manifestations de toute nature, ils réclament impérieusement des augmentations de traitement. La Chambre cède, lorsqu'il s'agit de fonctionnaires nombreux, parce que, alors, la réforme est « démocratique ». Le Sénat résiste et recueille l'impopularité de son attitude.

On lui a reproché de n'avoir pas consenti à certaines dépenses démocratiques. Mais il ne faut pas oublier quelle progression a suivie la marée montante des budgets. A la veille de l'agression allemande, ils semblaient épuiser les ressources contribuables du pays ; qu'eût-ce donc été si le Sénat n'avait pas résisté ? Même nécessaire, l'augmentation des dépenses publiques ne doit se faire que progressivement. Il en est de même de toutes les réformes.

A dire : « Où allons-nous ? » on s'expose à la critique et même à un certain ridicule. Il y a des siècles qu'on le dit et le monde marche et marche toujours. Chaque siècle voit l'écroulement de ce que l'on croyait immortel et la victoire de ce que les hommes les plus sages déclaraient impossible. Telle réforme qui faisait branler la tête à nos pères est réalisée et n'entraîne nulle catastrophe. Nos pères, cependant, n'avaient pas tort, toute réforme doit être réalisée en son temps, afin qu'elle trouve les conditions sociales, économiques, financières, qui sont nécessaires à son succès. Il faut qu'il y ait des hommes qui disent et qui répètent : « Où allons-nous ? ». Dans notre organisation politique, ce sont les sénateurs qui sont chargés de ce rôle indispensable et souvent ingrat. L'existence d'une seconde Chambre est l'institution fondamentale de toute démocratie organisée.

BIBLIOGRAPHIE. — Joseph-Barthélemy, *Les résistances du Sénat*, 1913.

CHAPITRE VI

LE PRÉSIDENT DE LA RÉPUBLIQUE

Jules Grévy, qui fut le premier Président de la République, élu après les lois de 1875, avait débuté dans la carrière politique en proposant, à la Constituante de 1848, qu'il n'y eût pas de Président de la République. Il demandait qu'il y eût seulement un Président du Conseil des Ministres, nommé et révoqué par le Parlement. La doctrine de « l'amendement Grévy » avait été celle du parti républicain sous le Second Empire ; mais si l'Assemblée Nationale faisait la République, elle ne prétendait pas la conformer aux modèles que lui offrait son extrême gauche : elle établit un Président de la République.

Cette institution suppose d'abord que le pouvoir exécutif est incarné dans un seul homme ; elle suppose, en second lieu, que ce personnage est investi de sa fonction pour une durée déterminée, qu'il ne saurait dépendre d'un autre pouvoir d'abréger.

Le gouvernement se trouve aussi composé en France de deux éléments : 1° un élément fixe, permanent, stable : le Président de la République, que l'on appelle

n'y a jamais eu plus de deux tours : Jules Grévy a été
élu (puis réélu) au premier tour ; il en a été de même de
Casimir Périer, de Loubet et Fallières ; quant à Carnot,
Félix Faure et Poincaré, ils ont été élus au second
tour.

Durée des pouvoirs et rééligibilité. — Le Président de
la République française est élu pour une durée plus
longue que celle dont jouit n'importe quel autre
chef d'État républicain : c'est que la constitution voulait
l'investir d'une réelle et forte autorité. Il est élu pour
sept ans. Il faut entendre cette proposition avec un sens
absolu : le député ou le sénateur, élu à une élection partielle, sortira en même temps que la Chambre ou en
même temps que sa série ; au contraire, le Président
est toujours élu pour sept ans, même s'il remplace un
autre Président qui n'est pas arrivé à l'expiration normale de ses pouvoirs. Pourquoi sept ans ? Les commentateurs optimistes ne manquent pas de démontrer que
c'est là un fort bon chiffre, ni trop long, ce qui serait
contraire aux principes démocratiques, ni trop court,
ce qui nuirait à la stabilité de l'institution. Ce n'est pas
inexact. D'autre part, la tradition biblique, l'antiquité
profane, la théologie catholique attribuent à ce chiffre
un caractère symbolique et comme sacré : on s'y arrête
assez facilement. Mais le vrai motif, c'est que lorsqu'il
s'agit de fixer la durée des pouvoirs du maréchal de Mac-
Mahon, qui était Président de la République au moment
où la constitution fut votée, le maréchal informa
l'Assemblée, par un message, que le délai de sept ans
« serait plus en rapport avec les forces qu'il pouvait
consacrer à son pays ».

Le Président sortant est immédiatement et indéfiniment rééligible. Il était certainement dans le vœu des

constituants de 1875 qu'il soit, en fait, réélu, s'il s'en montrait digne. Cependant, un seul Président a bénécié d'une réélection, c'est Jules Grévy (28 décembre 1885). Mais, deux ans après, il devait démissionner. Carnot, élu le 3 décembre 1887, est assassiné avant l'expiration de sa première période de sept ans (23 juin 1894) ; Casimir Perier reste à peine quelques mois en fonctions (27 juin 1894-15 janvier 1895) ; Félix Faure meurt quatre ans après son élection (17 janvier 1895-16 février 1899) ; quant à MM. Loubet et Fallières, ils n'ont pas été réélus. Dans leur message de remerciements au lendemain de leur élection, plusieurs des derniers Présidents ont même déclaré qu'ils ne solliciteraient pas leur réélection. Cet usage, qui semble s'établir, est en contradiction directe avec l'esprit de la constitution, assez peu digne au fond, et fâcheux à tous les points de vue. La Présidence n'est pas une bonne prébende que l'on passe à un autre, quand on en a joui pendant un temps décent : c'est un poste d'honneur et d'action que l'on doit garder tant qu'on y est maintenu par la confiance de la nation, exprimée par ses organes constitutionnels.

Condition du Président de la République. — La constitution entoure le Président de la République d'une dignité, d'un prestige, d'un éclat extérieur assez analogue à celui qui entoure le trône dans les monarchies. Notre peuple n'a pas montré jusqu'ici le désir de « mettre un veston à la République ». Le chef de l'Etat français, comme disait Siéyès, incarne « une nation polie, élégante et magnifique. »

Il reçoit un traitement de 1.200.000 francs sur lesquels il doit d'ailleurs faire face à certains frais tels qu'une indemnité aux officiers de sa maison militaire, et le traitement des fonctionnaires de sa maison civile. Ce traitement est considérable, par comparaison avec celui des fonctionnaires les plus favorisés ; il est minime, si on le rapproche des listes civiles des moindres souverains. Il y a d'ailleurs un vice grave dans notre système : c'est que ce traitement est fixé, annuellement, par la loi du budget : cet oubli de la constitution prête à des marchandages peu compatibles avec la dignité du chef de l'Etat. — Le Président de la République est logé au palais de l'Elysée ; il dispose pour ses villégiatures officielles des châteaux de Fontainebleau et de Rambouillet.

Il est chef souverain et grand maître de la Légion d'honneur ; il est protégé spécialement contre la presse par le délit « d'offense ».

Enfin, il jouit d'un privilège qui, jusqu'ici, n'avait existé que pour les monarques : il est déclaré *irresponsable*. Cela signifie que, pour les actes de sa fonction, il n'encourt aucune sanction d'aucune espèce : ni les sanctions politiques (blâmes, critiques officielles, révocation) ni les sanctions pénales. Il n'y a d'exception que s'il se rend coupable du crime de haute trahison. Il n'est d'ailleurs pas *inviolable* : Il est responsable des crimes ou délits qu'il commettrait en dehors de ses fonctions, comme simple particulier : mais, dans ce cas, il aurait encore un privilège de juridiction ; il ne pourrait être jugé que par le Sénat.

Rôle du Président de la République. — Quelle est, en fait, la répartition des compétences, de l'influence pratique, du pouvoir réel entre les deux éléments du gouvernement, le Président de la République et les ministres ? C'est là une question qu'ignore complètement le droit public américain. Le Président des États-Unis est réellement le chef de l'État ; il choisit ses ministres comme il lui plaît, il les renvoie quand il le veut ; il les considère comme les instruments de la politique que lui seul détermine ; il leur impose cette politique ; en cas de résistance, il les brise. Il est un chef.

Le Président de la République française n'est pas un chef. A l'heure où sont écrites ces lignes, le premier personnage de France, c'est M. Clemenceau ; le premier personnage d'Angleterre, c'est M. Lloyd George ; le premier personnage d'Amérique, c'est le président Wilson.

Le Président de la République est donc dans une situation analogue à celle du roi d'Angleterre. C'est un chef d'État parlementaire : *il est chef de l'État, il n'est pas chef du gouvernement.* Voilà une notion qu'il n'est pas inutile de préciser.

1. *Les constituants de 1875 ont prétendu que le Président de la République fût un chef d'État puissant et honoré.* — Cette intention ressort en premier lieu des déclarations réitérées des organes les plus autorisés de la majorité de l'Assemblée, notamment de Laboulaye, dans son rapport du 22 juin 1875. Le pays, disait à son tour Buffet, veut un pouvoir fort pourvu qu'il soit contrôlé. « Le gouvernement, disait-il, n'aura pas cette situation humble, abaissée, que le pays ne supportera jamais pour le pouvoir exécutif ». — Il ne faut pas oublier, d'autre part, que bien des constituants nourrissaient le dessein, plus ou moins avoué, de faire revenir le roi « dès les vendanges faites » ; ils se préoccupaient de faire une constitution dans laquelle il suffirait de changer le mode de nomination du chef de l'État et de remplacer le fauteuil par un trône. L'Assemblée Natio-

nale, suivant le témoignage d'un de ses membres, le vicomte de Meaux, posa « les pierres d'attente de l'édifice monarchique », elle créa un « pouvoir exécutif indépendant et efficace » qui, « adossé au Sénat », pût contrebalancer le pouvoir démocratique de la Chambre des Députés. Pour que le Président fût fort, les constituants l'ont entouré de prestige et surchargé d'attributions. — La liste de ces attributions est surprenante : si le Président de la République le veut, les Chambres ne siégeront pas plus de cinq mois par an ; au cours de cette session constitutionnelle, si les Chambres se montrent turbulentes, le Président peut, par deux fois, pour un mois chaque fois, arrêter leurs travaux, et envoyer les parlementaires réfléchir dans leurs circonscriptions. S'il estime que les députés s'engagent dans une voie contraire à la volonté nationale, il peut, avec l'avis conforme du Sénat, les révoquer en bloc : c'est le droit de dissolution qui n'a jamais existé dans aucune autre république du monde. Il partage, avec les membres des assemblées, l'initiative des lois. S'il estime mauvaise une loi votée par les deux Chambres, il peut refuser de la promulguer et appeler sur elle l'attention du pays, en imposant au Parlement une délibération nouvelle. Il peut toujours en appeler à l'opinion publique par des messages. Grâce à une intervention personnelle de Mac-Mahon dans les débats constitutionnels, le Président, chef des armées de terre et de mer, a *théoriquement* le droit de les commander en personne, comme un empereur. Il a le droit de grâce, ce fleuron que la constituante avait arraché à la couronne de Louis XVI. — Seul, il représente la France soit à l'intérieur, dans les solennités nationales, soit à l'extérieur, dans les rapports avec les nations étrangères ; c'est auprès de lui que sont accrédités les ambassadeurs, et c'est lui qui envoie les ambassadeurs français auprès des autres puissances ; seul, il engage la France par sa signature. Il peut même faire des traités secrets. Rien, absolument rien qui ait quelque importance dans l'État ne peut être fait sans sa signature qu'aucune force humaine ne peut le contraindre à donner contre son gré. Quand on lit cette liste d'attributions beaucoup plus importante que celle du Président des États-Unis, on ne saurait manquer d'être impressionné ; on croit que le Président de la République a des attributions régaliennes, et on comprend que Gambetta ait souligné sur ce point l'abandon des opinions traditionnelles du parti républicain. Mais attendons la fin ! Il s'agit de savoir si le Président de la République a bien un pouvoir réel, ou s'il fait seulement les gestes du pouvoir.

2° *La Constitution a rendu difficile au Président de la République le rôle de gouvernant qu'elle lui a confié.* Elle a voulu que le Président représentât le peuple et elle l'a éloigné du peuple qu'il est censé représenter. Elle a voulu qu'il fût autre chose qu'un « commis » du Parlement, et c'est par le Parlement qu'elle le fait nommer ! Dès lors tout acte d'indépendance de sa part, à l'égard de ceux à qui il doit la magistrature suprême, risquera d'apparaître comme un acte, sinon de révolte, du moins d'ingratitude.

Les constituants ont cru qu'ils compenseraient cette infériorité d'origine du Président de la République en le rendant irresponsable : à l'abri de cette irresponsabilité, il pourrait, pensaient-ils, exercer, avec indépendance, ses attributions. Les membres de l'opposition d'extrême-gauche, Louis Blanc, Marcou, Madier de Monjau soulignèrent cette intention, en représentant l'irresponsabilité comme une institution destinée à garantir le pouvoir personnel et, par conséquent, comme essentiellement dangereuse pour la liberté. — Les uns et les autres se trompaient. Dans un pays d'éducation politique avancée, pénétré du sentiment de la justice, celui-là seul peut agir qui est responsable de ses actes. Les ministres sont responsables ; le Président est irresponsable : ce seront les ministres qui gouverneront, non le Président. On devine les réflexions plus ou moins sous-entendues, plus ou moins conscientes, des ministres : « Si, disent-ils au Président, nous faisons ce que vous désirez, nous perdons notre pouvoir, vous gardez le vôtre. Donc c'est vous qui devez faire ce que nous voulons. Nous sommes l'émanation directe, immédiate de la représentation nationale ; nous ne perdons pas le contact avec elle ; elle nous renverrait si nous cessions d'exprimer sa volonté. C'est à vous de vous incliner. » Et le Président de la République s'incline. Certaines de ses attributions tombent en désuétude (droit de dissolution) ou même n'ont jamais été exercées (droit de veto législatif). Quant aux autres, il les exerce bien, mais ce n'est que dans la forme : il exécute la volonté des ministres. Écoutons sur ce point le témoignage formidable d'un ancien Président de la République, M. Casimir Périer : « parmi tous les pouvoirs qui lui semblent attribués, il n'en est qu'un que le Président de la République puisse exercer librement et personnellement : c'est la présidence des solennités nationales. » (Lettre au *Temps*, 22 février 1905).

3° *Les circonstances ont accru les difficultés qui paralysent l'autorité constitutionnelle du Président de la République*. — La présidence de la République a eu cette fâcheuse destinée d'être, tout d'abord, confiée à des hommes qui l'ont transmise diminuée à leurs successeurs. — Le maréchal de Mac-Mahon, entouré, au jour de son élection, des méfiances des républicains, n'a pas tardé à les justifier. Il s'est servi, dans un esprit anti-républicain, des pouvoirs que lui confiait la constitution républicaine. Il a prononcé la dissolution de la Chambre, parce que celle-ci lui paraissait trop républicaine (Evénements dits du Seize Mai 1877) ; et le pays l'a désavoué. Dès lors la dissolution, qui n'est en réalité qu'un mode de consultation suprême auprès d'un juge sans appel, le peuple, est apparue comme une atteinte aux droits de la nation représentée par la Chambre. Alors même qu'il surmonterait l'obstacle formidable, et à supprimer sans retard, du consentement préalable du Sénat, il n'est pas de Président qui oserait se servir de cette prérogative couramment usitée en Angleterre comme un hommage au corps électoral. Le maréchal de Mac-Mahon a dû se démettre, non point diminué, mais vaincu. Sa retraite fut digne, mais il laissait la présidence amoindrie. — Grévy fut appelé à le remplacer. La constitution républicaine faisait avec lui ses seconds débuts et des débuts décisifs : c'était pour la première fois en effet qu'elle allait être entièrement confiée à des mains républicaines. Une singulière ironie a voulu que le premier Président républicain fût l'homme même qui, en 1848, avait inauguré sa vie politique en demandant, par voie d'amendement à la constitution, la suppression de la présidence. Dans son tempérament, dans son caractère et aussi dans sa carrière politique, Grévy était essentiellement négatif. Ce sont deux échecs qui ont fait sa fortune : le premier, en 1848, dans sa manifestation contre la présidence, le second, en 1875, dans sa protestation contre la constitution ; appelé à occuper,

dans la constitution qu'il avait combattue, la magistrature qu'il avait voulu supprimer, il s'efforça de mettre
en fait cette dernière en harmonie avec la conception
de son amendement de 1848 : il ne voulait plus la supprimer : il l'occupait ; il l'annula. Il s'y engagea, dans
son message de remerciements, au lendemain de son
élection : « Soumis avec sincérité à la grande loi du régime parlementaire, je n'entrerai jamais en lutte contre
la volonté nationale exprimée par ses organes constitutionnels. » Il fut le dieu Terme de la République. Or,
en politique, l'habitude est une servitude ; les précédents
sont des règles. Le souvenir des concessions passées condamne toute velléité d'indépendance ; les concessions
anciennes entraînent de nouvelles concessions, et les
nouveaux Présidents se trouvent, malgré eux, comme
obligés d'ajouter, tous les jours, une nouvelle maille au
filet qui les retient prisonniers. La présidence américaine
a été grandie par Washington, la présidence française a
été diminuée par Mac-Mahon et Grévy.

La défiance du parti républicain a, d'autre part, écarté
le la présidence les hommes dont on pouvait attendre
ou redouter un exercice énergique des prérogatives pré-
sidentielles. Grévy fut préféré à Gambetta, Carnot à
Jules Ferry, Félix Faure à Waldeck-Rousseau. En 1893,
sous l'impression d'angoisse provoquée par le mouvement anarchiste et l'assassinat du Président Carnot, le
Parlement appela à la tête de l'Etat un homme qui
avait une réputation d'énergie : au bout de quelques
mois, Casimir Périer s'évadait de la prison dorée où il
étouffait. Dans son message de démission du 15 janvier
de 1894, il disait : « La présidence de la République est
dépourvue de moyens d'action et de contrôle. Je ne me
résigne pas à comparer le poids des responsabilités mo-

rales qui pèsent sur moi et l'impuissance à laquelle je suis condamné ». Et dans sa déposition au conseil de guerre de Rennes, dans l'affaire Dreyfus, il déclarait : « Si j'ai d'ordinaire ignoré, pendant que j'occupais la présidence de la République, ce qui touchait à la marche des affaires publiques, il n'est aucun fait, porté à ma connaissance personnelle, que j'aie laissé ignorer aux ministres responsables ».

Pendant quatorze ans, la présidence a été tenue par deux anciens présidents du Sénat : la présidence apparut alors comme une retraite honorable pour un vétéran fatigué des luttes politiques, auquel on demande des conseils qu'on ne veut pas suivre et qui se trouve ainsi, dans ce qu'on appelle la première magistrature de l'Etat, retiré des affaires publiques.

4° *Utilité de la présidence de la République dans son état actuel*. — Mais alors, si le Président n'est plus qu'un « maître des cérémonies », si c'est devenu un principe constitutionnel qu' « il chasse le lapin et ne gouverne pas », ne vaut-il pas mieux supprimer cette fonction ? Ne serait-ce pas une simplification et une économie ? — Cette conclusion dépasserait singulièrement nos prémisses. Le Président de la République n'est pas le gouvernant prévu par la constitution ; mais il continue à jouer, comme agent supérieur, un rôle utile, et, je puis dire, indispensable à la République. a) *Fonction de majesté*. Le Président de la République personnifie l'unité de la nation ; il donne au pays le sentiment de la sécurité; il est le capitaine qui se laisse, en temps normal, conduire par le pilote, mais qui interviendra lorsque la barque sera en péril. Il porte aux troupes qui combattent les encouragements et les réconforts de la nation tout entière. Il est assez haut placé pour que, dans les circonstances solennelles, ses paroles aient dans le pays une répercussion profonde. b) *Nomination des ministres*. Nous n'avons pas en France deux partis fortement organisés, ayant à leur tête des chefs, qui deviendraient presque automatiquement ministres lorsque l'un des partis triomphe. On sait déjà (*supra*, chap. II) que la matière parlementaire s'éparpille en une poussière de groupes et de sous-groupes. Dès lors, il est rare que des personnages soient nettement désignés au chef de l'Etat par les indications du pays ou par le vœu des Chambres. Notre histoire politique offre, d'autre part, cette situation paradoxale que le parti le plus nombreux dans la majorité républicaine, le parti radical, a été souvent dans l'impossibilité de fournir un président du Conseil des ministres. Le choix des ministres est donc bien loin d'être, pour le Président de la République, cet acte passif d'enregistrement que décrivent certains publicistes. C'est, dans les limites le plus souvent très larges des indications parlementaires, un acte de volonté libre, et un acte des plus délicats à accomplir parce qu'il suppose le discernement le plus fin, la science la plus consommée des hommes et la conception la plus exacte des besoins du pays. S'il était besoin d'une preuve de l'efficacité du rôle du Président dans cette matière, elle serait dans l'usage qui veut qu'à l'élection d'un nouveau Président, le cabinet démissionne. L'irresponsabilité constitutionnelle du Président de la République ne l'empêche pas d'assumer devant la nation, par la nomination des ministres, une lourde responsabilité morale. c) *Magistrature d'influence*. Le chef de l'Etat est d'ailleurs autre chose qu'un grand électeur des ministres et une sorte de « commissaire aux crises ». Nos mœurs politiques lui ont enlevé l'autorité effective : mais elles ne lui interdisent pas une autorité morale et un pouvoir de persuasion qu'il est admirablement placé pour exercer. Ne vivant pas dans le travail absorbant de la direction des détails d'un département, il a le temps nécessaire pour voir l'ensemble des affaires dont chaque ministre incline à ne voir qu'un côté. Il voit les choses qu'on ne voit pas de trop près. Il peut prévenir les actions discordantes entre administrations diverses. Il a le temps de porter son attention sur la politique générale au dedans et au dehors. Il se crée ainsi un domaine propre où il passe aisément maître. S'il travaille et s'il reste assez longtemps en charge, il acquiert, sur les grandes questions, une compétence exceptionnelle. Il peut être, pour les ministres, un guide précieux. Rien ne peut se faire sans sa signature ; s'il ne la refuse pas catégoriquement, définitivement, impérativement, il peut la retarder ; avant de la concéder, il peut donner des avis qui ont des chances d'être écoutés. Il peut ainsi se rendre utile au pays.

Il se rendrait plus utile encore s'il avait plus d'autorité. Il n'y a qu'un moyen de lui en donner : c'est d'étendre sur son front l'onction sainte du suffrage. Il serait peut-être dangereux encore d'aller jusqu'à la conséquence dernière où semble conduire la logique de ces prémisses : l'élection du Président par le peuple. Mais il n'est pas nécessaire de se précipiter tout de suite dans les extrêmes : parce qu'on a froid, il n'est pas nécessaire de se jeter dans le feu. On pourrait, en élargissant le collège électoral du Président de la République, en conserver le principe ; il pourrait être composé d'autorités élues principalement en vue d'une mission administrative ou politique et qui ne se constitueraient qu'accessoirement en collège électoral. On pourrait faire élire le Président par le collège électoral qui élit les sénateurs, en y adjoignant les sénateurs eux-mêmes. Avec ce système où les membres du Parlement recevraient une influence directrice, la qualité des chefs de l'Etat ne serait pas changée. Comme par le passé, des hommes de tout repos seraient élevés à la magistrature suprême. Mais la réforme leur donnerait une autorité plus grande pour exercer leurs pouvoirs.

BIBLIOGRAPHIE. — JOSEPH-BARTHÉLEMY, *Le rôle du pouvoir exécutif dans les républiques modernes*, 1906 ; *Le Président Poincaré*, 1919 ; H. LEYRET, *Le Président de la République*, 1914.

CHAPITRE VII

LES MINISTRES ET LE GOUVERNEMENT
PARLEMENTAIRE

Dans la théorie politique classique, le régime parlementaire, qui est celui de la constitution de 1875, est un régime d'équilibre des pouvoirs : d'un côté, le Parlement ; en face, le chef de l'Etat, inamovible, irresponsable. Le gouvernement, c'est-à-dire la direction générale des affaires publiques doit résulter de la collaboration de ces deux organes. — L'instrument de cette collaboration, la cheville ouvrière du régime parlementaire, c'est le *Cabinet*, ou ensemble des ministres. La collaboration est assurée par la combinaison bien connue qui n'est pas sortie du cerveau d'un théoricien, mais qui est résultée de la nature des choses : le Chef de l'Etat nomme les ministres ; le Parlement peut les renverser. L'obligation pour un ministère de se retirer lorsqu'il n'a plus la confiance du Parlement prend le nom de *responsabilité politique*. De ce qui a été exposé dans le chapitre précédent, il résulte que ce bel équilibre théorique s'est trouvé rompu en fait par l'effacement de la présidence de la République. Ce sont les ministres qui sont, en réalité, les premiers agents du gouvernement, conseillés, si l'on veut, par le Président de la République, et contrôlés par le Parlement, spécialement par la Chambre des députés. A certaines époques, avec des gouvernements énergiques qui se perpétuaient au pouvoir, cette prédominance du cabinet a été telle que notre régime a pu être qualifié de *gouvernement ministériel*. Il est certain, nous aurons à y revenir dans un chapitre prochain, que pendant longtemps la direction de la politique extérieure tout au moins a semblé dépendre de la seule volonté du ministre des affaires étrangères.

Organisation du Cabinet. — *Nombre des ministres.* — Le nombre des ministres est fixé théoriquement par le Président de la République ; en fait c'est l'homme politique chargé de constituer le cabinet qui détermine le nombre de ses collaborateurs, et la distribution entre eux des attributions diverses du gouvernement. Il en résulte que ce nombre est très variable : avant la guerre, il était d'une douzaine en moyenne. Pendant la guerre, il a extrêmement varié : tantôt, il s'agissait de « resserrer » le gouvernement afin de le rendre plus énergique ; alors on tombait à dix ministres (ministère Briand) ; tantôt, au contraire, il semblait utile de lui donner une large base dans le Parlement et dans le pays, et on arrivait à la vingtaine.

Il y a une certaine hiérarchie de fait entre les ministres. Si le ministre de la justice, qui porte encore le titre d'ancien régime de « garde des sceaux », n'est pas le Président du Conseil, il vient immédiatement après lui : il est de droit vice-président du Conseil des ministres.

Sous-secrétaires d'Etat. — Le cabinet peut s'adjoindre

des sous-ministres, qui sont dénommés d'après le titre que portaient les ministres dans l'ancien régime. L'infériorité de leur situation se traduit matériellement par un traitement qui ne s'élève qu'à 25.000 francs. Leur nombre est extrêmement variable. Il y a des ministères qui n'en comptent aucun, d'autres qui s'en adjoignent plusieurs. Leurs attributions sont extrêmement variables, et déterminées pour chacun d'eux, personnellement, par un décret. Leurs prérogatives, notamment le droit d'assister aux délibérations du Conseil des Ministres, le droit de répondre personnellement à des interpellations, varient avec chaque ministère. Leur utilité est, avant tout, de nature politique : voilà un des *secteurs* de la Chambre que l'on veut attacher à la fortune ministérielle et auquel on ne peut attribuer un des portefeuilles, tous ceux-ci étant distribués : on lui concède alors un demi-portefeuille ; tel personnage serait gênant dans l'opposition : on le met dans le gouvernement. — On estime que, dans telle branche de l'administration, la bureaucratie a besoin d'être surveillée, contrôlée, secouée : on met à sa tête un parlementaire avec le titre de sous-secrétaire d'Etat. — A l'inverse, et très exceptionnellement, on veut conférer une autorité exceptionnelle à un fonctionnaire ou à un spécialiste chargé d'un grand service public, on le fait participer, en le nommant sous-secrétaire d'Etat, au prestige de la fonction ministérielle. L'institution du sous-secrétariat d'Etat se rattache essentiellement au régime parlementaire.

Nomination et révocation. — Sans que la Constitution le formule expressément, il est admis, par suite de la coutume et surtout de la logique, que c'est le Président de la République qui nomme et qui révoque les ministres. — Au sujet de la nomination, existe un usage assez surprenant : elle n'est pas dispensée du contreseing ministériel. Ainsi, le chef de l'Etat ne peut pas nommer un ministre sans que cette nomination soit contresignée par un ministre en fonctions. Or, le contreseing est l'acte par lequel un ministre prend la responsabilité d'un acte, le fait sien, l'approuve. Voilà donc un Président du Conseil radical, obligé d'approuver, puisqu'il contresigne, qu'on lui donne un successeur progressiste. En fait, le Président du Conseil sortant contresigne la nomination de son successeur ; et c'est ce dernier qui contresigne la nomination de ses collègues. Si un chef du Gouvernement, en mauvaise humeur d'être renversé, venait à refuser de contresigner la nomination de son collègue, on se trouverait dans une situation extrêmement délicate.

On reconnaît au Président de la République le droit de renvoyer les ministres. En fait, notre histoire constitutionnelle ne nous offre qu'un seul exemple de révocation *expresse* de ministre : c'est celle de Châteaubriand par Louis XVIII. Le maréchal de Mac-Mahon a bien renvoyé le ministère Jules Simon, mais en lui demandant de démissionner. Cela ne veut pas dire que les ministres sortent tous volontairement du pouvoir. On a vu récemment un sous-secrétaire d'Etat, M. Nail (devenu garde des sceaux en 1917), non point directement révoqué, mais remplacé dans ses fonctions. La règle est que les ministres démissionnent : mais il est nécessaire de conserver le principe de la révocation par le chef de l'Etat : elle pourrait avoir son utilité dans le cas où un ministre mis en minorité par la Chambre refuserait de se retirer.

Les ministres touchent un traitement de 60.000 francs.

Ce chiffre est bien loin d'être exagéré si l'on considère
que le ministre doit faire face à toutes les dépenses du
ministère qui ont un caractère personnel et notamment
à la dépense de la voiture d'usage. Il y a des ministères
(celui de l'Intérieur, celui des Affaires étrangères), qui
ont des fonds secrets, dont le ministre dispose en fait
d'une façon absolument discrétionnaire. Mais il ne saurait évidemment les affecter à des dépenses que les
règlements laissent à sa charge. Les ministres ont un
logement dans les palais où siègent les services de leurs
départements. On a critiqué cette règle à laquelle on
attribue parfois cette conséquence d'attacher trop fortement les ministres au pouvoir. En fait cependant, et à
raison de l'instabilité ministérielle, la plupart des ministres conservent leur habitation particulière, et ne se
servent que des pièces de réception dans les bâtiments
officiels.

Les ministres forment un Conseil. — Dans la république américaine, l'unité du Gouvernement est assurée
par l'action personnelle du Président des États-Unis.
Les ministres s'occupent chacun de la gestion de son
département, et ils n'ont pas à délibérer entre eux. Dans
le régime parlementaire, le Chef de l'État ne possède
pas l'autorité nécessaire pour assurer à lui seul l'unité
gouvernementale. Il faut donc que cette unité résulte
d'une délibération des ministres entre eux : d'où l'institution du *Conseil des ministres*. Le Conseil des ministres
est le rouage le plus important du mécanisme politique.

La constitution le suppose : elle en parle même inci-
demment, la nomination des Conseillers d'État devant
se faire « en Conseil des ministres ». Mais elle ne le
règlemente pas. Aussi savons-nous très peu de choses

sur son fonctionnement et ses attributions pratiques.

Il y a deux sortes de délibérations ministérielles ; à celles qui se tiennent à l'Elysée, en présence du Président de la République, est réservée la dénomination de *Conseils des ministres* ; celles qui se tiennent hors la présence du Chef de l'Etat, sont appelées *Conseils de Cabinet*.

Quel est le rôle exact du Président de la République lorsque le Conseil se tient en sa présence ? Il est bien difficile d'avoir, sur ce point, des précisions absolues. Il semble cependant que le chef de l'Etat se borne à y *assister*, comme le préfet assiste aux délibérations du Conseil Général. Il ne le préside pas : c'est le Président du Conseil qui en est chargé : c'est ce dernier personnage qui dirige les débats, donne la parole, pose les questions, les met aux voix. — D'autre part, le Président de la République ne paraît pas participer aux votes. Il arrive par exemple que le Conseil vote au sujet du choix d'un haut fonctionnaire, d'un président de section au Conseil d'Etat, par exemple : le Chef de l'Etat n'a pas de bulletin à remettre. Il donne son avis, avec l'autorité de sa situation et de sa personne, et c'est tout. Il est vrai que la décision prise sous ses yeux ne peut s'exécuter qu'avec sa signature, et de ce fait, ses avis acquièrent un poids incontestable.

Il y a un Président du Conseil. — On ne peut laisser la direction des affaires gouvernementales à un collège ; le chef de l'Etat n'a pas l'autorité suffisante pour assurer l'unité de l'action de ce collège ; aussi ce dernier a-t-il un chef particulier qui est le *Président du Conseil des ministres*.

Ce personnage est chargé, comme nous l'avons indiqué, de diriger les délibérations des ministres ; c'est lui qui représente la politique générale du gouvernement devant les Chambres et qui, par conséquent, doit répondre aux interpellations les plus importantes. C'est lui qui parle au nom du gouvernement devant le pays. En un mot, il est le chef du gouvernement : Waldeck-Rousseau, qui fut un véritable chef, se faisait remettre le plan des discours que ses ministres devaient prononcer dans des occasions quelconques, même en dehors de la tribune parlementaire, et il leur imposait des coupures (discours de M. Millerand à Limoges).

Le devoir capital du Président du Conseil est d'assurer la coordination entre l'activité des divers départements. On a exprimé à plusieurs reprises le désir que, pour lui permettre de mieux exercer ce droit de regard sur tous les ministres, le Président du Conseil fût affranchi de l'obligation de gérer lui-même un de ces départements, qu'il y eût un Président du Conseil sans portefeuille. L'expérience en a été faite depuis la guerre avec le ministère Viviani. Il semble que l'appât de l'autorité réelle, effective, pratique que donne la gestion d'un département l'ait jusqu'ici emporté sur toutes les autres considérations. Cependant, l'action indépendante des divers départements entraîne une dispersion, donc un gaspillage des forces. Depuis la guerre, nous avons vu plusieurs ministres prétendre organiser, chacun de son côté, les mêmes services, notamment en matière de ravitaillement, et le pays a été victime de ces rivalités. Une des causes de l'infériorité de notre enseignement technique est la rivalité des ministères du commerce et de l'instruction publique qui se disputent cette matière. Nous avons eu plus grave encore : nous avons vu un président du Conseil (1902-1905) se désintéresser de la politique étrangère. Or, il y avait à cette époque un ministre des affaires étrangères, qui poursuivait depuis de longues années une politique personnelle, bonne en elle-même, mais qui n'était pas servie par la politique de ses collègues de la guerre et de la marine. Il appartenait au Président du Conseil de s'assurer que les spéculations de son ministre des Affaires étrangères étaient assises sur une suffisante encaisse militaire. Le Président du Conseil doit être un homme d'Etat.

Contrôle parlementaire et responsabilité politique des ministres. — La caractéristique du régime parlementaire, c'est que le Parlement, au lieu de se confiner dans son rôle législatif, contrôle les ministres. Il importe d'affirmer que ce contrôle doit s'exercer *a posteriori*. Le gouvernement suit sa politique propre, en s'inspirant uniquement de sa conscience et des intérêts du pays. Ce n'est que lorsque cette politique s'est manifestée par des actes qu'elle tombe sous le contrôle parlementaire. C'est le gouvernement qui dirige la politique générale, sauf à se retirer s'il est désapprouvé. Si le ministère cherchait l'impulsion dans les Chambres, il cesserait d'être un gouvernement national pour devenir le serviteur de certains groupes : « Il faut, disait M. Poincaré en 1906, que le gouvernement n'abandonne rien de son rôle directeur, qu'il se mette à la tête et non à la remorque de la majorité, en un mot, qu'il revendique hautement l'honneur et la responsabilité de gouverner ». De 1902 à 1905, un autre système fut mis à l'épreuve avec la délégation des gauches : le gouvernement bornait son ambition à suivre le Parlement, renonçant à le conduire. Ce ne fut qu'une crise qui semble aujourd'hui heureusement passée. Ce n'est pas à dire d'ailleurs que le régime parlementaire fonctionne aujourd'hui d'une façon parfaite. Le Parlement a incontestablement le droit de contrôler la nomination des fonctionnaires ; mais ce droit a dégénéré en abus : les parlementaires, et principalement les députés, non plus comme Chambre, mais individuellement considérés, prétendent diriger la nomination et l'avancement dans les fonctions publiques, à l'intérieur tout au moins de leurs circonscriptions ; la fonction publique est la monnaie dont ils paient des services électoraux ; les concessions des ministres aux réclamations des députés sont la monnaie dont se paient les votes de confiance. On a vu un député prétendre imposer à un inspecteur d'académie, non point quelques nominations, mais tout un mouvement dans le personnel des instituteurs. Les recommandations sont la plaie de la magistrature. Ce sont les bons fonctionnaires qui pâtissent de ces mœurs, et avec eux les services publics, donc le pays tout entier. Cet abus porte d'ailleurs en lui-même sa restriction : il n'atteint pas les plus élevées des fonctions publiques, dont les titulaires sont sans influence sur la politique d'arrondissement : le gouvernement est à peu près libre du choix des agents diplomatiques. Un personnage peut être empêché par les politiciens locaux d'être nommé premier président d'une Cour d'appel, mais il peut, sans encombre, recevoir un fauteuil à la Cour de Cassation qu'il n'aurait peut-être osé espérer. Et puis, il ne faut rien exagérer : si un grand nombre de députés ont la tentation d'être maîtres des fonctions publiques, il n'en résulte aucunement que les ministres et les chefs des administrations soient toujours disposés à sacrifier les intérêts dont ils ont la garde. Il y a là un péril, que l'on pourrait conjurer par la réforme des mœurs, le statut des fonctionnaires et surtout par l'extension de l'autorité effective du chef de l'Etat, auprès duquel les ministres pourraient chercher un appui qu'ils ne trouvent aujourd'hui que dans le Parlement.

Mode d'exercice du contrôle parlementaire. — Le contrôle politique du gouvernement s'exerce par l'enquête, la question, l'interpellation.

L'enquête est un examen, soit d'un acte déterminé, soit de l'ensemble d'une politique, par une commission de l'une des Chambres. Cette commission peut recueillir des témoignages, et la Chambre peut décider dans chaque cas que ces témoins seront astreints aux obligations des témoins devant la justice (loi du 23 mars 1914). La commission fait un rapport dont les conclusions sont discutées par la Chambre. L'enquête est un mode de contrôle très rarement employé. Une commission instituée pour examiner la gestion de M. Pelletan au ministère de la Marine n'a jamais été convoquée par son président.

La *question* et *l'interpellation* sont les procédures grâce auxquelles un parlementaire met le gouvernement ou un ministre en demeure de s'expliquer sur des actes de sa compétence. La question porte en général sur un détail administratif. Lorsqu'elle est orale, et par conséquent posée devant une Chambre, elle ne permet que deux discours : celui du parlementaire qui pose la question, celui du ministre qui répond. Les autres membres doivent rester témoins muets de ce *duologue*. La question n'est pas close par un vote quelconque de la Chambre : mais par la seule déclaration du Président : « L'incident est clos ». Il en résulte que cette procédure se déroule au milieu d'une certaine inattention de la part de la Chambre et souvent même du ministre questionné.

Afin d'économiser le temps des assemblées, afin aussi de faciliter le contrôle sur des matières extrêmement

délicates où le débat oral n'est pas sans danger, comme
par exemple les matières de politique extérieure, a été
créée en 1909, par une modification au règlement, la
procédure de la question écrite : le député formule par
écrit sa question qui est insérée au *Journal Officiel*
et il lui est répondu par la même voie. Il n'y a pas lieu
de regretter cette création qui a utilement désencombré
l'ordre du jour des séances publiques et qui a souvent
permis la solution rapide de petits incidents qui mena-
çaient de s'envenimer en s'éternisant. Toutefois cette
création a totalement manqué son but en ce qui concerne le contrôle de la politique étrangère. Mais, d'autre
part, la question écrite est apparue comme un exutoire
trop facile au désir du parlementaire d'appeler sur sa
personne l'attention du public et en particulier de ses
électeurs : de là des questions posées, souvent sans réflexion suffisante ou sur des matières insignifiantes :
Pourquoi tel gendarme n'a-t-il pas reçu un avancement
mérité ? Pourquoi tel cantinier, bien qu'il ait de très
bon vin dans sa cave », ne peut-il en vendre aux soldats
convalescents ? (*Journal Officiel* du 21 décembre 1914).
Depuis la guerre, les questions se sont multipliées à
l'adresse du ministre de la Guerre, par milliers et même
par dizaines de milliers. Le 23 février 1916, on était,
pour la seule Chambre, à la 8.656ᵉ question depuis le
début de la législature ; le 31 décembre 1918, on attei-
gnait le nᵒ 25.913. C'est dire que, si cette procédure a
simplifié d'un côté, elle a amené d'un autre côté la
création de toute une paperasserie et de toute une bureaucratie nouvelle.

L'interpellation est une procédure plus énergique par
laquelle les Chambres exercent leur droit de contrôle
permanent sur le gouvernement : c'est l'acte par lequel

un parlementaire met le gouvernement en demeure de
s'expliquer soit sur un acte déterminé, soit sur la politique générale du gouvernement : dans ce second cas
elle est nécessairement adressée au Président du Conseil. — L'interpellation ouvre un débat général, auquel
tous les membres peuvent participer, en observant les
règles sur le tour de parole. — Mais surtout, ce débat
est clos par un vote dans lequel l'Assemblée fait connaître son opinion, soit sur l'acte ministériel objet de
l'interpellation, soit sur la politique générale du gouvernement. La résolution par laquelle la Chambre exprime
ainsi son opinion sur le débat qui vient de se dérouler
devant elle, prend le nom *d'ordre du jour*. Cela vient
de ce que, après avoir fait connaître son opinion, ou
même sans la faire connaître, la Chambre déclare que
l'interpellation est close et qu'elle passe à la matière qui
est inscrite à la suite sur l'ordre des travaux pour la
séance du jour. Il y a *l'ordre du jour pur et simple*,
dans lequel la Chambre réserve son opinion : « La
Chambre passe à l'ordre du jour ». Ne rien dire, c'est
souvent encore une opinion. Il y a aussi les *ordres du
jour motivés* : soit les ordres du jour de confiance (« La
Chambre, confiante dans le gouvernement pour assurer
une politique nettement républicaine, passe à l'ordre du
jour »), soit les ordres du jour de méfiance. Un gouvernement qui est l'objet d'un ordre du jour de méfiance,
doit nécessairement donner sa démission. Il y a des ministères qui acceptent l'ordre du jour pur et simple : ils
obtiennent ainsi un répit de quelques mois, peut être
de quelques jours, mais on trouve généralement dans ce
cas qu'ils manquent de fierté. Ceux qui préfèrent leur
dignité au prolongement de leur existence précaire
réclament l'ordre du jour de confiance et démissionnent

si, en dépit de cette réclamation, l'ordre du jour pur et simple est adopté.

Sanction du contrôle parlementaire. — Le chef de l'État donne son existence au cabinet : c'est le Parlement qui la lui conserve ou la lui retire. Le ministère est obligé de se retirer lorsqu'il n'a plus la confiance du Parlement : c'est la *responsabilité politique*, pièce essentielle du régime parlementaire, puisqu'elle assure la collaboration constante du Parlement et du Gouvernement. Cette responsabilité est dite politique parce qu'elle n'implique aucune infraction, aucune faute de la part du gouvernement, mais un simple désaccord avec les Chambres.

Cette responsabilité est *solidaire* : tous les actes importants du gouvernement sont en effet censés approuvés par l'ensemble des ministres ; certains d'ailleurs ont été délibérés en Conseil. — Mais s'il s'agit d'actes administratifs, que le ministre a faits seul dans son département, à l'insu des autres ministres, il peut être responsable individuellement. Alors, suivant l'expression consacrée, il est *débarqué.* Mais l'expérience prouve que cette opération, loin d'alléger l'esquif ministériel, est le prélude du prochain naufrage.

Comment une Chambre fait-elle connaître au gouvernement qu'elle lui retire sa confiance ? Il y a d'abord la manière directe, par l'ordre du jour de méfiance. Mais il y a aussi le vote d'une disposition que le gouvernement combat, ou le rejet d'une disposition qu'il soutient. Dans ce cas, l'usage est que le gouvernement prévienne expressément l'assemblée de l'importance politique du vote qu'elle va émettre : on dit alors qu'il pose la *question de confiance* ou de cabinet. Ainsi, le 18 mars 1913, M. Briand, après avoir invité le Sénat à voter la réforme électorale, ajoutait : « J'ai le droit de conclure que, si vous ne voulez pas adhérer à l'invitation que je vous fais, c'est que vous ne voulez plus de ce gouvernement. Alors, il est temps qu'il s'en aille. »

Responsabilité politique devant le Sénat. — On discute, dans la doctrine, la question de savoir si les ministres peuvent être renversés par le Sénat : le Sénat, dit-on, est un organe de conservation ; il sortirait de son rôle en renversant des ministères ; il n'est pas une émanation assez directe de la nation pour avoir ce rôle gouvernemental directeur : la tradition parlementaire de la Restauration ne permettait pas à la Chambre haute de renverser les ministères. — Mais, par contre, on fait remarquer que le Sénat joue son rôle de modération en renversant un ministère qui met en danger les intérêts nationaux ; on ajoute que la tradition du régime monarchique ne peut être invoquée dans la matière, puisque, à la différence de la Chambre des pairs, le Sénat est élu, indirectement sans doute, mais élu par la nation. — La Constitution autorise par son *texte* le Sénat à renverser les ministres : ils sont, dit-elle, responsables devant *les* Chambres. Elle l'y autorise par son esprit : c'est faire œuvre de conservation et de modération que d'arrêter les entreprises d'un cabinet inconsidéré et révolutionnaire. D'ailleurs, le Sénat a démontré le mouvement en marchant : il renverse les ministères, moins fréquemment que la Chambre sans doute, mais enfin, il en renverse, et de très importants, comme le cabinet Bourgeois en 1894 et le cabinet Briand en 1913.

Durée des ministères. Utilité des changements ministériels. — Les ministères restent en fonctions tant que les Chambres les y maintiennent. Leur durée est donc extrêmement variable. On a beaucoup reproché en

cette matière à la démocratie française son extrême
inconstance et la consommation effrénée que ses
Chambres ont faite de ministères. On a parlé de sara-
bande échevelée de cabinets traversant pendant quelques
instants la scène politique, en se précipitant du côté
cour au côté jardin. Si certaines périodes de l'histoire
de la Troisième République ont pu justifier, dans une
certaine mesure, ces critiques, elles sont, pour l'ensemble, certainement exagérées ; et les considérations
dont on entoure les faits même véridiques ne sont pas
toujours absolument fondées. Il n'y a pas à tenir compte,
pour établir les moyennes, des cabinets qui ont été renversés le jour même où ils se sont présentés devant le
Parlement : le Parlement n'en voulait pas, c'était son
droit strict : ce fut le cas des cabinets de Rochebouet
(23 novembre 1877) et Ribot (juillet 1914). Il faut faire
abstraction également des cabinets que les Chambres
n'ont tolérés que parce qu'ils n'en avaient pas d'autre
à mettre à la place et qui n'ont végété que quelques
jours, comme le cabinet Fallières qui a duré vingt jours
(29 janvier 20 février 1883). Il y a eu par contre
un nombre considérable de cabinets qui ont joui d'une
durée très convenable : le ministère Briand, quinze
mois et 9 jours (24 juillet 1909-2 novembre 1910) ; le
cabinet de Freycinet, 23 mois et 1 jour (17 mars 1890-
18 février 1892) ; le cabinet Jules Ferry, 2 ans, 1 mois
et 9 jours (21 février 1883-30 mars 1885) ; le cabinet
Méline, 2 ans, 1 mois, 9 jours ; le cabinet Combes,
2 ans, 7 mois, 11 jours (7 juin 1902-18 janvier 1905) ;
le cabinet Clemenceau, 2 ans, 8 mois, 25 jours (25 octobre 1906-20 juillet 1909) ; le cabinet Waldeck-Rousseau, près de trois ans (2 ans, 11 mois, 14 jours :
22 juin 1899-3 juin 1902). — D'ailleurs nouveau ministère

ne signifie pas nécessairement personnel entièrement nouveau : il y a des ministres qui ont duré plus que les ministères ; *sans interruption*, ont été ministres : pendant 4 ans, 7 mois et 19 jours, M. Barthou et M. Briand (14 mars 1906-2 novembre 1910) ; pendant 4 ans, 9 mois et 7 jours, M. de Freycinet (3 avril 1888-10 janvier 1893) ; pendant 5 ans, 8 mois et 28 jours, M. Ruau (24 janvier 1905-22 octobre 1910) ; pendant 5 ans, 9 mois et 7 jours, M. Dujardin-Beaumetz (24 janvier 1905-2 novembre 1910) ; pendant 6 ans, 6 mois et 21 jours, M. Mougeot (28 juin 1898-18 janvier 1905 : pendant tout près de sept ans, M. Delcassé (28 juin 1898-6 juin 1905) ; pendant plus de sept ans enfin, M. Adolphe Cochery (28 juin 1898-6 juin 1905). — D'autre part, le nombre des « ministrables » dans le Parlement est, somme toute, assez restreint. En sorte que l'on voit certains personnages accumuler, avec des intervalles, les années de pouvoir. Quatre fois président du Conseil, treize fois ministre (sans compter ses fonctions de ministre d'Etat pendant la guerre), M. de Freycinet a tenu le pouvoir pendant dix ans et neuf jours.

D'ailleurs, il faut que les ministres changent. La stabilité ministérielle n'est un avantage qu'à la condition de n'être pas exagérée. Le ministre est en effet le contrôleur de la bureaucratie, il ne doit donc pas avoir le même esprit qu'elle ; or, c'est le résultat auquel il ne manquerait pas d'arriver s'il s'éternisait au pouvoir. La vigilance doit être constamment tenue en éveil par le contrôle parlementaire et la menace de la chute. Il n'est pas un chef technique : il est plutôt le surveillant politique d'une bureaucratie, stable et spécialisée. Dans ces conditions, une certaine instabilité des ministres produit plus d'avantages que d'inconvénients. Il s'agit seulement d'un équilibre à atteindre : je crois, pour ma part, que nos mœurs n'en sont pas loin.

Recrutement des ministres. — Le problème du gouvernement par les spécialistes. — C'est une règle fondamentale du régime parlementaire que les ministres peuvent être pris dans les Chambres, cumulent leurs fonctions avec leur mandat électif. et participent aux délibérations des assemblées. En Angleterre, jusqu'au cabinet Lloyd George, la règle était absolue de l'inséparabilité de la qualité ministérielle avec celle de membre du Parlement ; les auteurs anglais définissaient même le cabinet « un comité du Parlement ». En France, la règle est générale sans avoir ce caractère d'absolu. Les ministères de la guerre et de la marine ont été souvent tenus par des techniciens étrangers au Parlement, c'est-à-dire par des généraux et des amiraux ; il y a même eu, au ministère de la marine, un membre du Conseil d'Etat, M. Picard. La Troisième République a connu encore, au ministère des affaires étrangères, deux diplomates de carrière, MM. Flourens et Hanotaux. Depuis le 12 décembre 1916, un haut fonctionnaire du ministère des travaux publics, M. Claveille, a fait partie du gouvernement d'abord comme sous-secrétaire, ensuite comme chef du département. Il en a été de même d'un industriel, étranger aussi bien au Parlement qu'à l'administration : M. Loucheur.

Depuis quelque temps, le gouvernement par les parlementaires est l'objet de très vives critiques. De tous les côtés, on réclame des *spécialistes* à la place de ces *amateurs*. Comme on vient de le voir, une satisfaction partielle a même été donnée à ce mouvement par l'élévation aux fonctions gouvernementales d'un fonctionnaire et d'un homme d'affaires. Il y a sans doute une pensée juste au fond de cette réclamation : la compétence technique n'a peut-être pas encore dans notre démocratie la place et l'organisation qui lui revient. Chaque ministère, comme cela a lieu en Angleterre, devrait avoir un chef suprême administratif qui assurerait, avec l'autorité suffisante, l'unité et la continuité des vues. D'autre part, s'il est certain que les fonctionnaires techniques doivent servir le pouvoir politique, on peut se demander s'il est de l'intérêt de la nation que leur activité et que leurs opinions soient aussi profondément inconnues du public et du Parlement. Un ministre peut décider une opération absolument ruineuse pour les finances de l'Etat contre l'opinion indépendante, réfléchie, compétente de toutes les autorités techniques : Conseil d'Etat, hauts fonctionnaires. Ni le Parlement, ni le pays ne seront officiellement informés de cette opposition ; et même on considérerait comme une incorrection que les techniciens fassent connaître leur opinion. Les techniciens agissent dans l'ombre : c'est le ministre seul qui est au premier plan. Quelquefois, il agit contre l'avis des techniciens et la nation l'ignore ; quelquefois, les techniciens, agissent sous le couvert d'un ministre qui ignore peut être les actes dont il est juridiquement l'auteur : et alors personne n'est responsable et c'est encore la nation qui est sacrifiée. Notre démocratie a donc besoin de refondre les rapports entre le politique et le technique.

Mais ce serait une exagération singulièrement dangereuse que de réclamer l'abandon du mode traditionnel de recrutement des ministres, pour les choisir uniquement parmi de prétendus spécialistes qui seraient les fonctionnaires, les commerçants, les industriels, les hommes d'affaires. Dans tous les ordres de l'activité humaine, l'intelligence générale doit collaborer avec la compétence technique et la contrôler : cette règle s'applique avec une forme particulière au gouvernement. Un propriétaire doué de bon sens ne se livre pas complètement à un architecte pris au hasard : il choisit son architecte ; par ce choix, lui, incompétent, exerce un premier contrôle sur le technicien ; puis, il lui impose des volontés que l'architecte aura à réaliser par les moyens techniques : la maison aura tels caractères, telle destination, telles commodités ; le propriétaire contrôlera les plans qui lui seront soumis pour s'assurer de leur conformité avec sa volonté ; il contrôlera même l'exécution du plan et se fera rendre des comptes. — Le malade ne se confiera pas les yeux fermés au premier chirurgien porté sur l'annuaire ; il choisit son chirurgien, examine avec lui les avantages et les inconvénients de l'opération, etc., etc. Les ministres sont les représentants de la nation, chargés de contrôler comment les spécialistes la soignent, comment ils lui aménagent et lui entretiennent sa maison. — Organes de cette volonté souveraine à la tête des administrations, les ministres doivent être étrangers à ces administrations : on tomberait autrement dans le régime de la bureaucratie incontrôlée qui est le pire de tous : ce régime se caractérise par la négligence générale, la routine, la stagnation. Gladstone disait qu'il ne connaissait pas une seule réforme, même celles qui, à l'expérience, étaient apparues unanimement comme excellentes, qui n'aient soulevé contre elles au début l'unanimité des spécialistes. — Les ministres sont, par l'intermédiaire du Parlement, les délégués de la nation à la tête des administrations, pour faire prévaloir ses volontés : ils doivent, par conséquent, être des hommes politiques. Aux États-Unis, le Président est le premier représentant de la nation ; ses ministres sont des hommes politiques qui sont ses délégués. Dans la France actuelle, le Parlement est la première représentation de la nation : les ministres sont des parlementaires.

Si l'on n'oublie pas que les ministres ne sont ainsi que les chefs politiques et non point les chefs techniques des départements, on comprend ce que l'on appelle la « valse des portefeuilles », c'est-à-dire, le passage d'un même personnage à la tête des ministères les plus divers.

D'ailleurs il est permis de dire, sans ironie, de notre système de gouvernement, que l'Europe nous l'envie. L'Allemagne impériale était sous le règne des fonctionnaires : cela lui a permis une perfection incontestable dans les détails *administratifs*. Mais, par contre, elle a commis les fautes *politiques* les plus graves. Or, les fautes techniques sont réparables, les fautes politiques sont capitales. L'Allemagne avait préparé ses plans d'agression, ses armements, ses munitions, ses équipements ; mais, par ses fautes politiques, elle a soulevé contre elle l'Angleterre, l'Italie, l'Amérique, le monde entier. Et ses journaux écrivaient tous les jours que l'Allemagne manque *d'hommes d'État*, et ils déclaraient ouvertement qu'ils nous enviaient des chefs comme Briand ou Clemenceau.

Le problème, que certains semblent croire nouveau, est en réalité aussi ancien que les premières réflexions sur la science politique. « L'aptitude spéciale, écrivait Mirabeau, suffit à de bons premiers commis, mais les meilleurs commis sont les plus détestables des ministres. » Et à un député qui l'interrompait en lui disant que les chefs de division sont plus capables que les ministres, Lamartine ripostait : « Monsieur, ils ne sont pas aussi

capables en politique et il s'agit de politique puisqu'il
s'agit de gouvernement. » Sans doute, n'importe qui
n'est pas bon à n'importe quoi, l'homme appelé à l'honneur de gérer un ministère doit incontestablement
justifier d'une compétence spéciale. Mais cette compétence n'est pas celle du technicien : c'est celle de l'homme
d'Etat.

BIBLIOGRAPHIE. — JOSEPH-BARTHÉLEMY, *L'introduction
du régime parlementaire en France*, 1904 ; *Le problème de la
compétence dans la démocratie*, 1918, ch. III (étude spéciale
du gouvernement par les spécialistes) ; *Le rôle du Pouvoir exécutif dans les républiques modernes*, 1910 ; LEYRET, *Le Gouvernement et le Parlement*, 1918 ; DUPRIEZ, *Les ministres dans les
principaux pays*, 1893.

CHAPITRE VIII

LA POLITIQUE ÉTRANGÈRE

Ce fut une des thèses les plus longtemps discutées de la science politique que celle de l'aptitude de la République à défendre les intérêts du pays à l'extérieur. Aujourd'hui, la controverse est close. Les faits ont suffisamment parlé. Que la République se soit chargée des destinées du pays au moment où il se trouvait plongé par la défaite dans un isolement profond, c'est un premier fait qu'on ne peut discuter. Qu'elle ait pu, d'autre part, quarante ans après, opposer à l'agression allemande un faisceau d'alliances plus compact que les plus optimistes n'auraient osé l'espérer, c'est encore un autre fait évident. — La diplomatie française a rétabli, par la constitution de groupes symétriques de puissances, l'équilibre rompu, en 1870, par la tentative d'hégémonie allemande. Elle a été le centre de la reconstitution de l'Europe. Par la constitution d'un vaste empire colonial, elle a réparé dans une large mesure les fautes de Louis XV et bien servi les intérêts de la France. Mais, de plusieurs côtés, on entend maintenant s'élever contre elle ce reproche qu'elle n'a pas été suffisamment démocratique. Voyons quelle est la portée de cette critique et jusqu'à quel point elle est méritée.

Evolution plus lente du progrès démocratique dans le domaine de la politique extérieure. — C'est un trait remarquable de l'évolution constitutionnelle dans tous les pays que le progrès démocratique est infiniment plus lent, et toujours moins complet en ce qui concerne la direction de la politique étrangère que pour ce qui touche à la politique interne. La démocratie a cru jusqu'ici qu'elle n'était pas intéressée à la diplomatie : « Ce qui importe essentiellement à chaque citoyen, écrit Rousseau dans les *Lettres écrites de la Montagne*, c'est l'observation des lois au-dedans, la propriété des biens et la sûreté des particuliers. Tant que tout ira bien sur ces trois points, laissez les Conseils négocier et traiter avec l'étranger ; ce n'est pas de là que viendront les dangers les plus à craindre. » La démocratie est, avant tout, avide d'égalité, de liberté et de réformes sociales ; le goût lui manque pour la politique étrangère.

Comme sur tous les problèmes fondamentaux qu'elle a eu à trancher, la constitution de 1875 a adopté, en ce qui concerne la direction de la politique extérieure, une solution transactionnelle.

La constitution confie théoriquement au Président de la République un rôle prépondérant dans la direction de la politique extérieure. — En principe, c'est le Président de la République qui, seul, peut représenter la nation dans les relations extérieures : c'est auprès de lui que sont accrédités les ambassadeurs des puissances étrangères ; c'est en son nom que parlent les ambassadeurs de France ; il conduit les négociations ; il il est seul à pouvoir, par sa signature, engager le pays.

Il est l'auteur juridique des traités. Les puissances ne connaissent que lui, et ignorent les Chambres.

La direction gouvernementale de la politique étrangère est soumise à un double contrôle. — 1° *Contrôle spécial sur certains traités.* — Le Président de la République est seul maître des *négociations* diplomatiques. Les Chambres n'ont, en aucun cas, aucun droit d'intervention spéciale sur ce domaine : elles doivent se borner au contrôle indirect et *a posteriori* qui résulte des règles générales du régime parlementaire. On considérerait comme inconstitutionnelle toute intervention de leur part qui tendrait à porter atteinte à la complète initiative du gouvernement sur ce domaine. Les Chambres ne sauraient par exemple inviter le gouvernement à engager des négociations avec une puissance déterminée sur un point donné : outre qu'elles iraient contre l'esprit de la constitution, elles pourraient ainsi condamner le gouvernement et le pays qu'il représente, à courir au devant d'un échec que la solennité du vote parlementaire préalable rendrait plus pénible pour l'amour-propre national.

Non seulement le Président de la République négocie seul tous les traités, mais, en principe, c'est encore lui qui a seul qualité pour les rendre définitifs par sa signature. Exceptionnellement, pour certaines matières limitativement énumérées dans l'article 8, al. 2 de la loi du 16 juillet 1875, le Président de la République ne peut donner la signature qui engage définitivement la France, ne peut *ratifier* le traité, que s'il y a été expressément et préalablement autorisé par le Sénat et la Chambre des députés.

La constitution emploie d'ailleurs une terminologie défectueuse : elle dit que les traités ne sont définitifs qu'après avoir été votés par les deux Chambres ; il semblerait donc que, lorsque le traité arrive devant le Parlement, la procédure internationale soit achevée et que l'acte parlementaire en soit le dernier stade. Il n'en est rien. L'instrument soumis aux Chambres est un simple projet de traité, arrêté par les représentants diplomatiques, et qui ne porte pas encore la signature du chef de l'Etat. Le vote des Chambres a pour objet d'autoriser le Président de la République à donner cette signature et à rendre ainsi le traité définitif.

Le principe est que le Président de la République, de sa seule autorité, négocie et ratifie seul tous les traités. Les exceptions énumérées sont donc limitatives et doivent être interprétées strictement. Elles visent les traités de paix, les traités de commerce (fixation des tarifs douaniers, traités de navigation, etc.), les traités engageant les finances de l'Etat, les traités relatifs à l'état des personnes (ceux qui touchent à la capacité juridique, aux droits civils et politiques, à la nationalité), les traités relatifs au droit de propriété des Français à l'étranger, enfin les traités entraînant une modification quelconque du territoire national.

Cette énumération a paru, à certains commentateurs, tellement compréhensive, qu'ils ont considéré que les exceptions emportent la règle et soumettent à la collaboration directe du Parlement la presque totalité de la politique étrangère. Il n'en est rien. L'article 8 de la loi du 16 juillet 1875 dispense, en réalité, de l'approbation parlementaire les plus importants de tous les traités : les grands traités politiques et les traités d'alliance. Ainsi le traité de Berlin du 13 avril 1878, un des documents les plus importants de l'histoire diplomatique, puisqu'il prétendait fixer la situation, dans les Balkans, a pu être constitutionnellement ratifié par le Président de la République seul. Tous les grands actes internationaux qui ont marqué les tournants de notre politique étrangère depuis un demi-siècle, presque tous ceux qui ont encore une influence décisive sur les destinées de la France, ceux grâce auxquels elle ne s'est pas trouvée seule à supporter l'agression allemande, sont l'œuvre du gouvernement seul et ont été ratifiés par le Président de la République de sa seule autorité. C'est intentionnellement que les constituants de 1875 ont laissé au chef de l'Etat, seul, la responsabilité des traités d'alliance. Ils ont pensé sans doute que la discussion publique, souvent brutale et ignorante des nuances, ne se déroulerait pas autour du résultat de très délicates négociations sans risquer d'en compromettre le fruit. C'est en somme le gouvernement seul qui fait la grande politique internationale.

2° *Contrôle général indirect résultant du régime parlementaire.* — Ce n'est donc pas par la collaboration directe à certains traités que les Chambres peuvent réellement participer à la définition des grandes lignes de la politique étrangère. Elles possèdent encore un contrôle indirect mais qui s'étend sur l'ensemble de la diplomatie. C'est d'abord le pouvoir de la bourse : la commission du budget présente chaque année, sur le ministère des affaires étrangères, un rapport, en général important et qui contient souvent un exposé d'ensemble de la politique extérieure. A peu près chaque année, au moment de la discussion du budget, les grandes directions diplomatiques font l'objet, à la Chambre, d'un large débat académique, où interviennent quelques rares orateurs choisis.

Le contrôle indirect des Chambres est, en second lieu,

celui qu'elles tiennent du régime parlementaire. En réalité,
et ceci est vrai de tous les parlements démocratiques,
« ce n'est que si le baromètre est à tempête que les
Chambres s'intéressent aux problèmes de la politique
extérieure » ; on ne peut qu'être frappé du nombre in-
fime des interpellations et des questions en cette matière : M. Louis Marin en a fait le relevé exact dans son
rapport du 11 juillet 1911. Il s'est produit dans la pratique un étrange renversement des attributions qui
doivent être, d'un côté, celles des ministres, de l'autre,
celles de la Chambre. Les députés prétendent dominer
et diriger l'administration dont ils ne devraient pas
s'occuper ; mais ils abandonnent aux ministres la direction de la politique générale surtout au dehors. Un ministre n'a pas liberté entière pour s'entourer de collaborateurs de son choix, les récompenser suivant leur
dévouement et leur mérite. Mais il peut, avec une indépendance en fait presque complète, imposer le régime
commercial qui correspond à ses conceptions économiques
personnelles, engager la France dans un système
d'alliances d'après ses vues politiques particulières, et
même décider seul de la paix et de la guerre. Nous avons
vu récemment un ministre des affaires étrangères pour-
suivre, pendant sept ans, avec une volonté calme et
persistante, un plan d'alliances politiques qui ne
manquait pas de grandeur. Pendant sept ans, il s'adonna
à la mission qu'il s'était imposée, sans que le Parlement,
trop absorbé par des matières qu'il jugeait plus intéres-
santes, lui suscitât le moindre obstacle : à peine lui
posa-t-il quelques questions, sur une politique où étaient
engagés les intérêts vitaux du pays. C'est avec un véritable sursaut de stupeur qu'il apprit un jour que cette
politique pouvait amener pour la France une crise des

plus graves. Il se débarrassa, en un tournemain, de l'auteur responsable de la politique que, par son silence, il avait approuvée pendant sept ans, et revint ensuite à ses occupations d'administration intérieure.

Importance prépondérante du rôle du Ministre des Affaires Etrangères. — C'est en effet le Ministre des Affaires Etrangères qui est le principal, quand il n'est pas l'unique organe de notre politique étrangère. — C'est là certes le domaine de choix dans lequel le Président de la République peut exercer, avec le plus d'efficacité, sa magistrature d'influence. Les mémoires de M. de Freycinet nous disent quels « incomparables secours » M. Grévy prêtait à ses ministres dans les situations les plus délicates. Célébrant la conclusion de l'alliance russe, sur le *Pothuau*, à Cronstadt, M. Méline signalait à la reconnaissance du pays « l'action *personnelle et décisive* du chef de l'Etat », M. Carnot. C'est par ses paroles solennelles que le Président Félix Faure a appris officiellement au pays le fait acquis de l'alliance. Mais il est très rare que le chef d'un Etat parlementaire s'occupe des détails des relations diplomatiques. Il se borne à s'intéresser à leur direction générale, et s'en remet au Ministre des Affaires Etrangères pour la direction effective. Pendant sept ans, M. Delcassé a poursuivi une conception personnelle de la politique extérieure de la France : il s'agissait de rétablir l'équilibre européen contre l'hégémonie allemande et d'étendre notre empire colonial, notamment dans le Nord de l'Afrique; on lui reproche très vivement, de certains côtés, d'avoir exercé une sorte de dictature, d'avoir poursuivi cette politique, bonne en elle-même, sans en informer le Parlement, le Président de la République, ni même son président du Conseil de 1902 à

1905, M. Combes. Mais ces diverses autorités constitutionnelles n'auraient-elles pas dû montrer, en temps opportun, une plus vive curiosité ?

Le problème de la diplomatie secrète. — Le régime démocratique semble devoir entraîner en principe la publicité de toutes les procédures, de toutes les décisions de tous les actes, en un mot, accomplis au nom de l'État ou de ses subdivisions. La démocratie suppose en effet le contrôle, et il n'y a pas de contrôle sans publicité.

Le secret dans les négociations. — Dans la période même où les négociations ont lieu, on reconnaît généralement que, tout au moins en principe, le gouvernement n'est pas obligé de les publier. On a souvent comparé la diplomatie à un jeu : ce serait folie d'exiger que l'un des joueurs, c'est-à-dire la France démocratique, jouât cartes sur table, tandis que les autres joueurs pourraient cacher le leur.

En fait, le gouvernement tient le public au courant de ses négociations dans la mesure qu'il estime compatible avec les intérêts généraux du pays et avec son propre prestige. Les moyens de publicité qu'il emploie sont : 1° les communications, qu'il dose à son gré, à des journaux de son choix ou à des agences qu'il favorise ; 2° les déclarations aux Chambres, soit dans la commission, soit en séance publique : le gouvernement fait une déclaration spontanée ou répond à une interpellation concertée ; 3° en dehors de l'enceinte parlementaire, le gouvernement pourra informer directement le pays par un des nombreux moyens que l'usage met à sa disposition : discours ministériel ou présidentiel, toast dans un banquet ; 4° Le grand procédé officiel de publicité pour les documents diplomatiques, c'est le *Livre Jaune*. Le gouvernement publie, sous une couverture de cette couleur, les documents qu'il croit pouvoir publier, sur une matière déterminée, quand il le juge à propos.

Le secret des traités. — Mais le pays peut-il être engagé par un traité connu du seul gouvernement, sans que le pays, sans que le Parlement en soient informés ? Il n'y a pas de problème plus grave et plus actuel. Il se pose sur le terrain du droit positif et sur celui des principes.

Sur le terrain du droit positif, il est incontestable que le Président de la République a le droit de faire des traités secrets. « Le Président de la République, dit l'article 8 de la loi du 16 juillet 1875, négocie et ratifie les traités. *Il en donne connaissance aux Chambres aussitôt que l'intérêt et la sûreté de l'Etat le permettent* ». Evidemment, le secret prévu par la constitution n'est en principe que provisoire ; mais c'est un provisoire dont le chef de l'Etat est laissé libre de fixer la durée.

Cette prérogative présidentielle est-elle conforme aux principes démocratiques ! — Il s'agirait d'abord de s'entendre avec précision sur ces principes. On parle, à tort et à travers, selon moi, de la volonté du peuple. C'est la volonté du peuple qui doit régir la politique internationale. Mais alors, qu'on lui donne le pouvoir juridique de le faire par un referendum, et par un referendum étendu à tous les éléments raisonnables de la nation. Cette conséquence extrême n'est réclamée par aucun des adversaires résolus de la diplomatie secrète ; et le pays le plus démocratique du monde, la Suisse, n'a pas encore osé soumettre les traités au referendum. Dès lors, le prétendu peuple, dont on invoque la volonté, n'est plus que la partie la plus hardie et la plus bruyante de la nation ; c'est, tout au plus, une opinion publique, plus ou moins flottante que chacun interprète à son gré ; ce sont quelques individualités qui s'arrogent le droit de parler en son nom.

Tout le monde reconnaît que, pour la direction de la politique étrangère, on est obligé de s'en remettre à des représentants. Il est admis que le Parlement est le représentant du peuple, mais pour la fonction législative ; le gouvernement est son représentant pour la fonction gouvernementale interne. Le problème est donc de déterminer l'organe constitutionnel qui semblera le plus apte à être le représentant du peuple pour la direction de la politique étrangère ; dès lors il se réduit à une question d'art politique et d'organisation constitutionnelle.

Or, l'histoire fournit un préjugé en faveur de la diplomatie secrète. Renonçant aux doctrines et aux axiomes abstraits de la prétendue logique pour suivre les leçons impérieuses de la réalité, notre plus grande assemblée démocratique, la Convention, et après elle, tous les constituants, sauf ceux de 1848 qui n'ont pas su créer des institutions viables, permettent à l'exécutif les négociations et ententes secrètes. — C'est grâce à la diplomatie secrète que la France est sortie de l'isolement et de l'affaiblissement où l'avaient laissée les désastres de 1870 : alliance franco-russe, « entente cordiale », amitié italienne. — Dans l'état actuel du monde politique, et pour un avenir dont il est impossible de prévoir la durée, il serait dangereux de priver le gouvernement de la République de la faculté de conclure des traités secrets. — Certes, l'idéal c'est la suppression des traités secrets. Nous les bannirions absolument de la société internationale, si nous pouvions la reconstruire depuis ses fondements. Mais, posée en ces termes, la question ne serait qu'un pur jeu de l'esprit,

Le seul problème qui mérite l'attention est de savoir, étant donné l'état du monde, et, en particulier, de l'Europe, quel système permettra le mieux à la France d'y défendre ses intérêts. Or elle vit dans un monde qui ne manifeste aucunement l'intention de renoncer au régime des traités secrets. Nous sommes loin de connaître toutes les clauses des traités par lesquels les bolcheviks, qui prétendent incarner la pure doctrine démocratique, ont livré la Russie à l'Allemagne. — Contre la trame de traités secrets qui menacent de l'étouffer, la France doit pouvoir, si c'est nécessaire, se garantir par d'autres traités secrets.

La « démocratisation de la diplomatie » est, par bien des côtés, une formule vide de sens. Il ne faut pas se laisser tromper ici par de fausses analogies entre la politique intérieure et la politique étrangère. Il est parfaitement exact qu'un grand nombre des abus et des imperfections de la société ancienne ont été guéris par une simple extension de la liberté et des principes démocratiques. Mais, il ne s'agit pas ici de questions de bien ou de mal qui sont résolues par une simple application de la publicité et du contrôle démocratique. Pour la solution des problèmes de la diplomatie, il faut avant tout une connaissance approfondie des circonstances et des faits de la cause.

L'expérience générale des peuples est là pour affirmer que c'est le pouvoir exécutif qui est jusqu'ici le meilleur représentant de la nation dans les relations internationales.

BIBLIOGRAPHIE. Joseph-Barthélemy, *Démocratie et politique étrangère*, 1918.

CHAPITRE IX

L'ADMINISTRATION

L'administration assure la vie quotidienne de l'Etat ou de ses subdivisions par le fonctionnement des services publics.

Notre administration actuelle est encore, tout au moins dans ses grandes lignes, celle de Napoléon. L'Empereur avait bâti ses institutions de telle sorte que sa volonté souveraine se fît sentir instantanément, sans résistances, sur tous les points de la France. Sur cet édifice d'autorité, on a placé, en 1875, le couronnement de la démocratie parlementaire. On est arrivé ainsi à un ensemble qui, par certains côtés, apparaît assez hétéroclite et qui n'est pas sans graves inconvénients : l'héritier de Napoléon, ce n'est pas toujours le Président de la République, ce n'est pas toujours non plus le ministre : c'est trop souvent le député d'arrondissement. Il en découle notamment que les instruments de règne au profit d'un pouvoir personnel, sur qui pesait, à défaut d'autre responsabilité, une responsabilité tout au moins morale, sont trop souvent mis au service d'une autorité anonyme et irresponsable. En sorte qu'on est exposé au péril d'avoir les inconvénients de la tyrannie, sans les compensations d'ordre, de technicité, de capacité, de bonne administration par lesquelles ce régime essaie parfois de racheter la suppression de la liberté politique.

Il est bien entendu d'ailleurs que ce ne sont là que des vues *grosso modo*. Si nous avons conservé les cadres et les dénominations de l'administration impériale, beaucoup de liberté y a été progressivement introduite par une série de réformes s'échelonnant sur tout un siècle. Et parce que nous signalons un péril, il ne s'ensuit pas que nous prétendions que la démocratie y tombe toujours et nécessairement.

Par une division naturelle et comme spontanée, les intérêts à administrer sont répartis en deux groupes : les intérêts généraux de l'Etat, les intérêts particuliers à des groupes d'habitants.

I

ADMINISTRATION DES INTÉRÊTS GÉNÉRAUX DE L'ÉTAT

Cette administration suppose des organismes d'impulsion centrale, et des agents d'exécution sur place.

Les bureaux. Principe de l'organisation française : une forte bureaucratie contrôlée par des hommes d'Etat. — Le ministre est le chef de chacune des hiérarchies entre lesquelles se répartissent les 800.000 fonctionnaires français. Ces fonctionnaires se divisent en deux catégories : les agents d'exécution, répartis sur l'ensemble du territoire; les bureaux; division que M. Hauriou a ingénieusement comparée à celle des combattants et des non combattants, les seconds dirigeant les premiers.

Les bureaux entourent immédiatement le ministre, leur personnel est stable, permanent, et assure la continuité de l'action administrative. La plupart des fonctionnaires français restent immuables à travers les changements de cabinets, et même à travers les bouleversements de régime. Nous ignorons, heureusement, le spoils system. Chateaubriand, visitant une prison alors qu'il est ministre, voit venir à lui un geôlier qui se présente joyeusement : « C'est moi qui ai eu autrefois l'honneur d'écrouer Votre Excellence. » C'est cette solidité de ses charpentes administratives qui fait que la France a pu victorieusement résister à tant d'orages.

Les bureaux ont, dans tous les ministères, très sensiblement la même composition : directeurs, chefs de division, chefs de bureau, rédacteurs, expéditionnaires, huissiers, garçons pour les travaux matériels, etc. Mais il n'y a pas de règles générales applicables au personnel administratif appartenant indirectement à tous les ministères ; ou plutôt, il n'y en a qu'une, qui a été posée par la loi du 30 décembre 1882 : la condition du personnel n'est pas abandonnée à l'arbitraire des ministres passagers : l'organisation centrale de chaque ministère ne peut être réglée que par un décret du Président de la République, rendu après l'avis du Conseil d'Eta. Chaque ministère a sa réglementation propre ; cependant, des traits communs tendent à s'établir, comme celle du recrutement des rédacteurs par la voie du concours. Cette dernière règle n'est cependant pas absolue ;

dans un même ministère, on la voit tantôt admise, tantôt rejetée.

Il y a une règle générale à tous les ministères : c'est l'extrême modicité des traitements, surtout au début ; les candidats doivent communément être porteurs d'un diplôme d'enseignement supérieur, qui suppose des dépenses considérables, et on leur offre, comme récompense de leur succès au concours, une situation rémunérée à un taux moyen de 5 francs par jour. Les concours des ministères étaient désertés avant la guerre. Le recrutement de ce personnel, autour duquel s'exercent les critiques faciles, mais qui n'en est pas moins indispensable, est un des innombrables et des plus inquiétants problèmes de l'après-guerre.

On ne saurait trop insister sur l'importance véritablement directrice qu'est celle des hauts fonctionnaires permanents des ministères. Le directeur des affaires politiques au quai d'Orsay doit connaître tout le personnel extérieur, suivre de près toutes les négociations, être pour le ministre un répertoire vivant en même temps qu'un conseiller plein de tact : c'est lui qui est l'instrument, souvent anonyme, de la tradition, de la continuité et de l'unité de la diplomatie. — Nous n'avons eu que rarement, sous la Troisième République, de grands ministres de l'Instruction publique, satisfaits de se trouver à la tête de ce département, et soucieux de consacrer le meilleur de leur activité à cette grande tâche de l'éducation nationale. Cependant, il y a une politique scolaire poursuivie avec persévérance, pendant tout le cours de la Troisième République et qui est son honneur. Elle est l'œuvre de « M. Lebureau ». A quelques rares hommes revient le mérite des progrès réalisés par l'enseignement supérieur ; depuis la chute de l'Empire, les chefs de cette

grande direction n'ont pas été plus d'une demi-douzaine :
de 1879 à 1884, elle a eu à sa tête Albert Dumont, lui-
même ancien fonctionnaire de l'Empire, archéologue,
membre de l'Institut. A partir de 1884, dure la longue
et éclatante direction de Louis Liard, philosophe, également membre de l'Institut, qui ne se retire, au bout
d'un quart de siècle, que pour continuer son action au
vice-rectorat de l'Académie de Paris, situation où
Gréard avait mérité d'être appelé, par quelques-uns,
vice-ministre. Ce ne sont là que quelques types de ces
grands techniciens sur lesquels s'appuie l'action politique des ministres.

**Le Cabinet, ensemble des collaborateurs personnels
du Ministre.** — C'est sur ces fonctionnaires de l'administration centrale que le ministre est appelé à exercer
directement sa mission de direction, d'impulsion de
contrôle. Mais qu'on imagine, avec la rapidité des
changements politiques, quelle est la situation du
ministre, que tout le monde sait passager, à la tête
de cet organisme qui a pour lui la permanence et la
force qui résulte du sentiment de cette situation : il serait isolé et impuissant. Le ministre parlementaire est
l'œil du public et des Chambres sur les administrations ;
pour cette œuvre de surveillance, on ne peut pas compter qu'il sera aidé par les grands fonctionnaires permanents, il n'y aurait pas de contrôle véritable si la bureaucratie se contrôlait elle-même. Il est donc nécessaire que le ministre se fasse assister de collaborateurs
personnels, absolument de son choix, en qui il ait une
absolue confiance, qui lui signalent les abus à redresser
et les réformes à réaliser. L'ensemble de ces collaborateurs immédiats dont s'entoure un homme lorsqu'il as-
sume la direction d'un département ministériel prend le

nom de *cabinet*. Le ministre jouit d'une liberté complète dans le choix de ces collaborateurs : toutefois en fait, la Cour des Comptes et surtout le Conseil d'Etat lui offrent une pépinière de sujets d'élite dans lesquels il exerce souvent ses choix. Cet organe n'a qu'une existence de fait ; il n'est prévu ni par la constitution ni par la loi ; cependant, celle-ci le reconnaît indirectement, en essayant d'en limiter les abus. — Si, en effet, personne ne songe à méconnaître l'incontestable utilité de cette institution dans son principe, elle devient critiquable dans ses abus : le ministre témoigne sa gratitude à ses collaborateurs au moyen de faveurs administratives. Le cabinet tend ainsi à devenir « en pleine démocratie, une pépinière privilégiée, une serre chaude pour l'éclosion prématurée des jeunes gens d'Etat ». Un jeune homme refusé au concours, qui est la porte d'entrée normale d'un des grands corps de l'Etat, passe par un cabinet et de là se fait implanter dans ce corps dans une situation supérieure à celle de ses concurrents plus méritants. Sur 38 percepteurs de Paris, 27 ont passé par des cabinets. Ce passage est trop souvent un moyen commode, soit pour entrer de plainpied dans des fonctions enviables soit, si l'on est déjà d'une hiérarchie, pour sauter par-dessus la tête de collègues moins favorisés.

Le Conseil d'Etat, conseil technique du gouvernement et régulateur de l'administration. — Ce grand corps est un des rouages les plus remarquables de l'organisation administrative française. C'est le conseil de juriconsultes et de techniciens qui assiste le gouvernement dans la solution des problèmes les plus élevés de l'administration générale. Il ne prend pas lui-même de décision. Il incarne auprès du Président de la Répu-

blique la sagesse, l'expérience, la science administrative.
C'est à lui que doit s'adresser le gouvernement s'il
désire un avis impartial et éclairé, étranger aux intérêts
électoraux, aux passions de parti, aux préoccupations
politiques. Le Conseil d'Etat est un de ces organes de
compétence, de tradition, de stabilité qui font la solidité
des vieilles charpentes françaises, et qui, dans l'ombre,
ignorés du grand public qui ne voit que les agitations
superficielles, compensent heureusement l'instabilité
et l'incompétence démocratique.

On pourrait évidemment trouver des institutions
analogues dans les autres pays et dans l'ancien régime.
Le Conseil d'Etat découle directement du Conseil du
Roi qui lui-même était sorti de la *Curia regis*. Mais
dans sa forme actuelle, le Conseil d'Etat est une création
de Napoléon. On devine que, dans la Monarchie administrative, le Conseil d'Etat devait avoir une place de
tout premier rang : le Conseil d'Etat était le préféré des
corps constitutionnels créés par le Premier Consul ; Napoléon présidait un grand nombre de ses délibérations ;
il s'entourait quotidiennement de conseillers d'Etat, il
les chargeait des missions les plus importantes. — Le
Second Empire essaya de marcher sur ces traces : il
s'efforça, par une bonne administration, de compenser
la suppression des libertés politiques. Tandis que le
Sénat devait contenir « *toutes* les illustrations du pays »
le Conseil d'Etat devait être composé « des hommes les
plus distingués ». L'Assemblée nationale, et ce fut là
une de ses nombreuses maladresses, a enlevé quelque
peu de son lustre à cette grande institution. S'il est
permis de s'attacher à ce petit signe matériel, elle a
ramené de 25.000 à 16.000 le traitement des Conseillers
d'Etat. Pourquoi 16.000, alors que les Conseillers à la

Cour de cassation touchent 18.000 ? C'est bien difficile à expliquer. Pourquoi 16.000 aux Conseillers d'Etat et 18.000 aux Conseillers à la Cour des Comptes ? pourquoi un président de Chambre à cette dernière Cour touche-t-il 25.000 francs alors qu'un président de section au Conseil d'Etat doit se contenter de 18.000 ? Cependant, la Cour des Comptes est soumise au contrôle du Conseil d'Etat au point de vue de la légalité. Ce détail n'est peut-être pas aussi insignifiant qu'on pourrait être tenté de le croire. On désire, à juste raison, que le Conseil d'Etat contienne des hommes incarnant la grande expérience administrative. Mais si un directeur général au ministère des Finances est nommé au Conseil d'Etat, il sera empêché de goûter pleinement l'honneur qui lui est fait et qu'il paie 9.000 francs par an. Pour certains hauts fonctionnaires, la nomination au Conseil d'Etat est une demi-disgrâce honorable : ce n'est pas avec l'esprit résultant de pareilles circonstances que l'on entre utilement dans une institution comme le Conseil d'Etat.

Le personnel du Conseil d'Etat se répartit en deux catégories : au sommet, les conseillers d'Etat, qui prennent les décisions au nom du corps ; d'autre part, les maîtres des requêtes et les auditeurs, qui préparent ces décisions par des études préalables et des rapports. Le personnel est réparti en cinq sections, l'une pour le jugement des procès administratifs (V. le chapitre suivant), les quatre autres pour l'examen des affaires administratives. Chaque section a, à sa tête, un Président de Section. Théoriquement, c'est le ministre de la Justice qui est président du Conseil d'Etat ; il en résulte que le personnage qui est placé en fait à la tête de ce corps n'a que le titre de Vice-Président. C'est bien là une fiction, comme celle qui donne au ministre de l'Instruction publique le titre de recteur de l'Université de Paris.

Un des éléments qui ont contribué à maintenir le prestige du Conseil d'Etat, c'est qu'il se recrute, à sa base, par le concours. Ce mode de recrutement présente, entre autres avantages, celui d'attirer des jeunes gens d'esprit distingué, de caractère indépendant, répugnant à se faire une carrière par des intrigues ou des demandes personnelles. Pour être admis parmi les 22 auditeurs de 2ᵉ classe, il faut avoir triomphé à un concours fort difficile, auquel on réussit généralement vers l'âge de 25 ans ; on est admis alors à toucher un traitement qui a été récemment élevé à 3.000 francs ; au bout de huit ans, il faut être nommé auditeur de première classe : si l'on n'est pas nommé, on sort du Conseil. C'est là une règle excellente qui exclut les non-valeurs. Les 18 auditeurs de première classe touchent un traitement qui a été élevé récemment à 5.000 francs, qui est même de 6.000 pour les plus anciens d'entre eux dans la proportion de la moitié. Vers 37 ans, l'auditeur *peut* être nommé l'un des 37 maîtres des requêtes avec un traitement de 8.000 francs ; deux maîtres des requêtes sur trois doivent être pris parmi les auditeurs de première classe. — Enfin, vers la cinquantaine, le maître des requêtes *peut* être nommé Conseiller d'Etat : ces hauts personnages sont au nombre d'une quarantaine. Un conseiller d'Etat sur deux doit être pris parmi les maîtres des requêtes. — L'âge légal de la nomination est de 27 ans pour les maîtres des requêtes, de 30 ans pour les Conseillers d'Etat. En dehors des règles heureusement préservatrices des droits des auditeurs et des maîtres des requêtes, le gouvernement est libre de nommer maître des requêtes ou Conseiller d'Etat, sans aucune condition de capacité. En fait, la très grande majorité des Conseillers d'Etat « venant de l'extérieur » sont d'anciens préfets.

On remarquera que la carrière normale est assez lente, et que les avantages matériels sont assez minimes. Cependant jusque dans les dernières années avant la guerre, le Conseil d'Etat continuait à attirer les jeunes talents dans la bourgeoisie aisée, par l'attrait du concours, l'avantage de la résidence parisienne, le prestige social de la fonction, peut-être aussi les perspectives de sortie vers les hautes fonctions publiques ou même dans la direction des grandes affaires privées. Mais voilà que, de plus en plus, même dans les régions administratives les plus élevées se répand cette prétention, formidable pour les vieux traditionnalistes : le fonctionnaire prétend vivre de son travail ! il veut toucher un salaire, non une simple indemnité constituant un supplément, plus ou moins intéressant, à ses revenus personnels ! Au dernier concours de l'auditorat (il faut dire que c'était encore la guerre), il y a eu 4 candidats pour 4 places. C'est attristant et inquiétant !

Il y avait à redouter que l'administration active se méfiât de ce grand corps, et hésitât à recourir aux lumières de ce tuteur gênant. Aussi la loi fait-elle de la consultation du Conseil d'Etat une obligation dans un grand nombre de cas : le Conseil d'Etat examine chaque année, comme conseil administratif, trente mille affaires environ : vingt-quatre mille intéressent les pensions civiles et militaires ; les autres concernent les délimitations territoriales nouvelles, les créations d'institutions comme tribunaux de commerce, conseils de prud'hommes, chambres et bourses de commerce, les concessions de

mines, le contrôle supérieur de l'administration dépar-
mentale et communale, etc.

Un des rôles les plus importants du Conseil d'Etat
est celui qu'il est appelé à jouer dans la rédaction des
« règlements d'administration publique. » Le Parlement
est trop nombreux et, par certains côtés, manque de la
compétence nécessaire pour arrêter jusqu'aux moindres
détails d'une réglementation nouvelle : dès lors, il est
bien des lois qui se bornent à poser les principes, ren-
voyant pour les détails « à un règlement d'administration publique » ; cela veut dire que le Président de la
République ne pourra faire ce règlement qu'en prenant
l'avis du Conseil d'Etat. En fait, certains règlements
extrêmement délicats ont été entièrement rédigés par le
Conseil, et le Chef de l'Etat n'a fait que les avaliser par
sa signature.

Toutefois, il faut remarquer que l'avis du Conseil
d'Etat est toujours : 1° facultatif, 2° secret. Il est facultatif : le gouvernement est quelquefois obligé de le
prendre, il n'est jamais obligé de le suivre. Il y a même
des cas où le gouvernement, en consultant le Conseil
pour se conformer à la loi, l'avertit officieusement que
sa décision est prise et que l'avis demandé n'aura aucune influence. — En second lieu, l'avis donné par le
Conseil d'Etat est toujours secret : le décret mentionne
que « le Conseil d'Etat a été entendu », mais il n'indique aucunement s'il a approuvé ou combattu la décision adoptée en fait. Ce serait peu demander, semble-t-
il, que de souhaiter que l'avis d'un corps aussi éclairé
fasse partie non seulement du dossier secret du ministre,
mais du dossier public du Parlement ou de la nation :
il suffirait de prescrire que les décisions prises portent
« conformément » ou « contrairement à l'avis du Con-

seil d'Etat ». Ainsi le pays serait éclairé et saurait où sont les responsables.

Nous n'avons d'ailleurs examiné qu'un seul côté du Conseil d'Etat : nous verrons dans le chapitre suivant que, comme tribunal suprême de l'ordre administratif, il est le grand protecteur des libertés et des droits des individus.

Répartition uniforme des services extérieurs des ministères sur la base de la division départementale du territoire. — Les autorités que nous avons étudiées jusqu'ici siègent à Paris, auprès du ministre ; elles ne participent pas à l'action, elles se bornent à la coordonner, à la diriger de loin et de haut : ainsi les fonctionnaires du ministère de l'Instruction publique n'enseignent pas ; les fonctionnaires du ministère des Travaux publics n'entretiennent pas les routes ; les fonctionnaires du ministère du Commerce ne distribuent pas les lettres, les fonctionnaires du ministère de la justice ne jugent pas, etc. Il y a tout un ensemble d'agents d'exécution répartis sur l'ensemble du territoire, et dont l'activité assure le fonctionnement des services publics.

Le territoire dans les limites duquel ces agents sont appelés à exercer leur action concorde souvent avec une des divisions de l'administration générale. Ces divisions sont encore aujourd'hui celles qu'a opérées la Constituante, légèrement retouchées par Napoléon : la Constituante, voulant détruire l'ancien particularisme provincial, prit précisément pour base de sa division nouvelle les anciennes provinces : elle découpa chacune d'elles en un certain nombre de *départements* dont chacun, d'étendue approximativement égale, reçut une dénomination d'après une particularité géographique. — Chaque arrondissement fut divisé en un certain

nombre de districts qui, devenus un peu moins nombreux, donc un peu plus vastes, dans la loi du 28 plu-
viose an VIII, prirent le nom d'arrondissements, qu'ils
ont encore ; chaque arrondissement contient un certain
nombre de cantons ; on arrive enfin à la dernière division administrative, la *commune*, unité qui s'est formée
spontanément, par suite de l'histoire, la Révolution
d'abord, le Consulat ensuite ayant simplement reconnu
l'existence des anciennes *paroisses*, supprimant seulement celles auxquelles leur exiguité excessive rendait
impossible toute vie locale réelle. Le nombre de ces
diverses divisions a varié naturellement avec les modifications du territoire français : il y a, en 1918, 87 départements continentaux, y compris la Corse, plus le territoire de Belfort et 3 départements algériens ; 362 arrondissements, 2.911 cantons, 36.222 communes.

Le département, le multiple de département, la subdivision du département sert nécessairement de cadre à
l'organisation sur place des services publics. Dans
chaque département, il y a un agent supérieur de plusieurs des hiérarchies techniques : un agent en chef des
travaux publics (ingénieur en chef des ponts et chaussées), des postes (directeur départemental), de l'instruction publique (inspecteur d'Académie), des régies
financières (trésorier payeur général, directeur d'enregistrement) ; certains agents supérieurs réunissent sous
leur autorité un groupe de plusieurs départements : ce
groupe prend le nom de *région* dans l'administration
militaire et a à sa tête un chef de corps ; *d'académie*,
dans l'administration de l'instruction publique et a à sa
tête un recteur ; de *ressort*, dans l'administration judiciaire, et a à sa tête une cour d'appel, dirigée par un
premier président et un procureur général. Il y a dans

la métropole 20 corps d'armée, 25 cours d'appel,
16 académies. — D'autres fonctionnaires exercent leur
compétence à l'intérieur d'une subdivision du département : chaque arrondissement possède un tribunal, un
receveur particulier des finances, etc. ; l'arrondissement
sert de circonscription pour l'élection des députés ; —
dans chaque canton, il y a un juge de paix, un percepteur, un receveur d'enregistrement ; chaque canton
élit un membre du Conseil général qui administre le
département, etc. Ainsi toute la vie politique et administrative du pays est enfermée dans des cadres uniformes,
soumis aux mêmes règles, sur toute la surface du pays :
cette uniformité absolue par réaction à la diversité de
l'ancien régime a coopéré à la formation de l'unité française.

Mais on peut se demander si cette uniformité absolue,
qui a eu incontestablement son utilité historique, n'a
pas fait son temps. Pour certains services, la France
pourrait être utilement divisée en six régions, pour
d'autres en douze. Il n'est peut-être pas nécessaire
d'avoir, à la tête de *chaque* département, un ingénieur
en chef, un trésorier-payeur. Il serait peut-être possible
d'arriver, par une meilleure répartition des postes à des
simplifications, à des économies, à un meilleur rendement.

Nous allons rencontrer le principal obstacle à cette
réforme : la législation napoléonienne a entendu briser,
par départements, l'unité des grands services techniques
nationaux, afin de mieux assurer l'intervention d'un
agent essentiellement politique : le préfet.

**Prédominance du préfet, agent politique, sur les agents
techniques.** — Chacun de ces agents représente une
spécialité, un ministère, une division de ministère. Cela

avait suffi à la Constituante : mais cette grande assemblée qui a mis au monde une société n'a pas pu faire vivre un système politique ou administratif : ses tentatives d'organisation sur ces deux domaines étaient en réalité l'organisation de l'anarchie. Cette dispersion des efforts ne pouvait entrer dans les cadres de la centralisation napoléonienne. Le premier consul entendit que de place en place, il y eut, dominant la masse des agents spécialisés, un représentant direct de l'ensemble de son autorité exécutive : ce représentant direct, c'est le préfet, nom forgé par Siéyès, d'après les souvenirs de l'histoire romaine.

Il y a un préfet à la tête de chaque département ; il a auprès de lui un conseil de préfecture, qui est théoriquement appelé à jouer, dans les limites restreintes du département, un rôle analogue à celui du Conseil d'Etat dans l'ensemble du pays ; en fait, les conseils de préfecture, composés de 3 ou 4 membres dérisoirement rémunérés (de 2.000 à 4.000 francs), en dépit du diplôme exigé de licencié en droit, sans espoir d'avenir, sont dénués de prestige et d'autorité réelle, et ne jouent de rôle que comme juridiction administrative (V. chap. suivant). Le préfet est assisté, au siège même de sa préfecture, d'un secrétaire général, chargé des fonctions de ministère public auprès du conseil de préfecture fonctionnant comme juridiction : en outre, le préfet a sous ses ordres directs les sous-préfets, dont chacun est placé à la tête d'un arrondissement.

Les préfets sont parmi les plus rémunérés des fonctionnaires : leurs traitements varient de 18.000 à 35.000 ; ils sont, en outre, logés dans des palais dont l'Etat a imposé la charge aux départements, et reçoivent des frais de représentation.

Ils sont nommés par le Président de la République sur présentation du ministre de l'Intérieur, dont ils dépendent directement.

Ce sont avant tout des agents politiques. On leur demande de faire prévaloir, dans l'ensemble de l'administration, les opinions et les volontés du gouvernement. Par conséquent, on n'exigera d'eux aucune condition spéciale de capacité ; l'aptitude politique ne s'appréciant pas d'après des diplômes, la liberté de choix de gouvernement est donc complète. — On demande, d'autre part, au préfet, non point une compétence technique, mais l'obéissance, la souplesse, la conformité politique de son action avec la volonté gouvernementale : donc, pour qu'un préfet soit justement révoqué, il n'est aucunement nécessaire qu'il ait commis une faute : il suffit qu'il y ait un désaccord entre le gouvernement qu'il représente et lui-même.

Il résulte de la nature même de la fonction du préfet qu'aucune garantie ne peut lui être accordée contre les déplacements ou les révocations. Il profite seulement de la règle générale, posée par la loi de finances de 1905, que les fonctionnaires ne peuvent être frappés sans que leur dossier leur soit communiqué. — La législation a voulu que le pouvoir de révocation contre le préfet ne soit arrêté par aucune considération ; le gouvernement n'aura pas à se dire, par exemple, qu'il est dur de frapper un homme auquel on a fait subir des retenues en vue d'une retraite qu'il ne touchera pas : les préfets peuvent, à 60 ans, toucher une pension sans avoir subi de retenues. D'autre part, il ne faut pas que le gouvernement soit paralysé par des considérations d'humanité : la révocation brutale du préfet est rare ; on lui donnera ses invalides soit au Conseil d'Etat, soit à la Cour des Comptes, soit dans une fonction publique quelconque. Mais encore faut-il que le gouvernement puisse se débarrasser d'un préfet alors même qu'il n'a aucune place où le caser : en vue de cette éventualité, a été créée la position de disponibilité : au lieu d'une révocation brutale, le préfet *peut* être mis en disponibilité avec un traitement de 6 à 8.000 francs. Le préfet est donc un agent essentiellement politique, donc nommé à volonté par le gouvernement, et révocable *ad nutum*. Un changement de ministère est généralement suivi d'un *mouvement* préfectoral ; un changement de l'orientation politique est accompagné d'un massacre de préfets.

Or cet agent politique, nommé et révocable pour des motifs politiques, dépendant du ministère le plus essentiellement politique, représente non seulement le ministère de l'Intérieur, mais encore tous les autres ministères. C'est en lui que s'incarne, dans les limites du département, l'autorité administrative, le pouvoir de décision et de nomination. — Le préfet ne se borne pas à diriger, surveiller et administrer les établissements pénitentiaires qui dépendent du ministère de l'Intérieur alors qu'ils seraient aussi bien à la Justice, les établissements d'assistance, qui seraient aussi bien au ministère du travail et de la prévoyance sociale ; il ne se borne pas à exercer sur les fonctionnaires de tout ordre (magistrats, professeurs, officiers...) une surveillance politique, et à constituer sur chacun d'eux, un dossier plus ou moins secret et plus ou moins exact ; il ne se borne pas à veiller à la police générale et au maintien de l'ordre public. Il prend encore une quantité de décisions techniques et nomme un grand nombre d'agents techniques.

Un citoyen veut bâtir en bordure de la route nationale ; il veut pratiquer sur cette route une prise d'eau :
quelle est l'autorité techniquement compétente pour
juger où est la limite de la route et celle de la propriété privée ? pour apprécier si la permission demandée
ne doit pas nuire au travail public et à la circulation ?
C'est évidemment l'autorité des ponts et chaussées : le
conducteur des ponts et chaussées qui est sur place et
voit les lieux est le mieux au courant ; il pourrait décider, avec le contrôle de l'Ingénieur ; c'est le préfet seul
qui peut décider. Les affaires n'en vont pas plus vite
ni plus impartialement. Si on veut bâtir en bordure du
rivage de la mer, sur une longueur de 25 mètres, il faut
demander une délimitation qui exigera normalement un
an, parfois quatre, s'il y a des difficultés, des négligences
ou des erreurs de transmission ; des fonctionnaires compétents, qui sont seuls sur les lieux et voient les choses,
n'ont pas le pouvoir de décision. Notre système administratif superpose les contrôles. Les erreurs sont rares,
les improbités exceptionnelles : mais à quel prix !

Qui va décider qu'un candidat est apte à la fonction
de cantonnier, si ce n'est le fonctionnaire technique
chargé des routes ? Ce n'est pas cependant lui qui nomme
à cette fonction : c'est le préfet. Mais surtout, qui juge
qu'un cantonnier fait bien son travail, qu'un facteur
distribue exactement des lettres, qu'un instituteur
accomplit avec zèle et capacité ses délicates et importantes fonctions ? Ce sont évidemment les supérieurs
techniques de ces personnages : c'est cependant encore
le préfet qui dispose des nominations, des déplacements,
des avancements de ces divers fonctionnaires. Dans
chaque département, le préfet nomme des centaines de
fonctionnaires inférieurs des postes, des ponts et

chaussées, des finances. Mais ce qu'un conseiller d'Etat a pu appeler une véritable « monstruosité », c'est que le préfet nomme les instituteurs et puisse, par conséquent, les transformer en agents électoraux. — Enfin, un dernier trait complète la physionomie du préfet : il n'est pas seulement agent politique, administratif, il est encore agent judiciaire. Il peut « faire personnellement et requérir les officiers de police judiciaire de faire tous actes nécessaires à l'effet de constater les crimes, délits et contraventions, et d'en livrer les auteurs aux tribunaux. » Ce sont les termes du fameux « Article Dix » du Code d'Instruction criminelle dont toutes les oppositions, depuis la chute de l'Empire, ont réclamé l'abolition et que tous les gouvernements ont, jusqu'ici, maintenu. Il donne au préfet les pouvoirs du juge d'instruction. S'il constitue une tache dans notre législation, il faut préciser qu'elle est surtout théorique, sauf pour le préfet de police de Paris : il est peut-être un des éléments de l'ordre dans cette formidable agglomération. Une circulaire de M. Clemenceau, du 4 août 1906, prescrit aux préfets de ne jamais user de l'article 10 sans en avoir préalablement référé au ministre.

L'institution préfectorale, telle qu'elle vient d'être décrite, rentrait parfaitement dans la logique du régime napoléonien. Tout était à bâtir ou à reconstruire après l'anarchie directoriale ; le préfet était une sorte de *missus dominicus* qui avait besoin d'avoir, concentrés en ses mains, tous les services afin de les mieux organiser et harmoniser. Il n'y avait ni télégraphe ni chemin de fer : on ne pouvait référer à Paris. Le préfet était un chef. Il est passionnant de suivre les efforts de création d'un préfet comme Pasquier, dans la Seine-Inférieure. Le préfet doit d'ailleurs répondre de la fidélité du départe-

ment à l'empereur. Enfin l'Empire était une « monarchie administrative »; son intérêt était de faire de la
bonne administration. Le préfet était un véritable administrateur, exclusivement responsable à l'égard du
ministre, celui-ci responsable à l'égard de l'Empereur, celui-ci responsable, moralement tout au moins,
à l'égard du pays. Transporté du mécanisme de la monarchie administrative dans celui de la démocratie parlementaire, ce rouage ne fonctionne pas sans grince-
ments et sans à-coups. Un facteur nouveau est intervenu :
c'est le député d'arrondissement, maître des ministres.
Le Président est effacé, c'est le ministre qui incarne
toute la réalité du pouvoir; or, le député est maître de
l'existence du ministère. D'où ce marché *do ut des* :
« Je vous conserve votre portefeuille; assurez-moi mon
siège. Réservez les places et faveurs administratives à
ceux qui votent ou s'engagent à voter pour moi. » Or,
c'est le préfet qui dispose de la menue monnaie en cette
matière. D'où l'habitude pour les parlementaires de
s'implanter en maîtres dans les préfectures, et de contrôler, quand ils ne les dictent pas, toutes les nominations. D'où également l'habitude, chez un grand nombre
de citoyens, de ne pas s'adresser directement au préfet
pour en obtenir une autorisation quelconque, comme
celle de détruire les lapins, sans passer par l'intermédiaire des députés. Le préfet joue un jeu perpétuel
de bascule, ne sachant jusqu'à quel point il doit défendre l'intérêt général contre les prétentions des élus;
car il ne sait pas si le ministre, sous la menace d'un
vote de méfiance, ne le désavouera pas. — Évidemment,
ce ne sont pas là des mœurs générales; sans doute, les
qualités professionnelles sont régulièrement récompen-
sées dans la plupart des professions; il y a eu, il y a

de « grands préfets ».; il y a des ministres qui les soutiennent, témoin la fameuse circulaire dans laquelle
Waldeck Rousseau, en 1882, rappelait aux préfets les
principes de la séparation des pouvoirs. Ce sont, comme
disait Gambetta, des mœurs qui commencent.

Il est toujours facile de trouver « quelque âme de
bonté dans les choses mauvaises. » Les fonctionnaires
techniques ne souhaitent pas avoir eux-mêmes le droit
de décision qui les mettrait directement en butte aux
sollicitations impérieuses des parlementaires. Actuellement, le préfet leur sert de tampon : à l'abri de son
autorité, ils s'efforcent de faire dans l'ombre de bonne
besogne. Ils ne demandent pas à être mis en pleine lumière. Mais, de ces constatations mêmes, il résulte que
nous vivons sous le régime de l'irresponsabilité générale ; il faut donner à chacun des grands fonctionnaires
techniques le sentiment de leur responsabilité, de
leur importance, de leurs devoirs envers la nation.
Leur indépendance s'accroîtra par le développement
de cet ensemble de garanties que l'on appelle le statut.

On voit ce qu'est devenu, en se transportant dans le
système démocratique, cet élément du régime napoléonien. Il n'en résulte pas qu'il doive être purement et
simplement supprimé ; les mêmes besoins s'imposent
aux gouvernements de toute nature. L'institution préfectorale constitue un instrument de coordination,
d'ordre, de gouvernement, dont nous ne voulons pas
priver la République. Mais cette institution n'est pas
intangible : il n'est pas un seul publiciste, pas un seul
député, qui, ouvertement, soutienne que les instituteurs
doivent être nommés par le préfet et ne doivent pas revenir sous l'autorité naturelle du recteur. Mais surtout,
il faut fortifier le gouvernement afin que les préfets

trouvent un point d'appui pour résister aux prétentions des parlementaires lorsqu'elles apparaîtraient inspirées par des intérêts égoïstes et contraires à l'intérêt général (V. *supra*, chap. VI et VII).

II

ADMINISTRATION DES INTÉRÊTS PARTICULIERS DES GROUPES LOCAUX

Il y a une solidarité beaucoup trop étroite entre les éléments divers de l'unité nationale pour que l'on puisse admettre la notion d'intérêts exclusivement propres à un groupe quelconque de citoyens. Avec cette réserve de la solidarité nationale, on comprend cependant la notion de certains intérêts qui concernent plus particulièrement un groupe ou un autre de citoyens : nous sentons parfaitement que le service militaire, la justice sont choses essentiellement nationales ; mais nous comprenons que les routes qui ne dépassent pas les limites d'un département intéressent plus particulièrement ce département ; que l'élégance des rues, la beauté des promenades, l'éclairage nocturne, l'aménagement des marchés, l'installation de lavoirs touchent particulièrement chaque ville.

Les cadres de la vie locale se confondent avec ceux de l'administration générale. Ils datent du Consulat. — Les cadres dans lesquels est appelée à se mouvoir l'administration des intérêts locaux sont les mêmes que ceux que nous avons indiqués pour l'administration des intérêts généraux de l'Etat : la France est divisée en départements, les départements en arrondissements, les arrondissements en cantons, les cantons en communes.

Le département. — Le département est autre chose qu'une simple division administrative : il est ce que les juristes appellent une *personne morale*. Il possède un patrimoine, vote un budget, perçoit des impôts, contracte, achète, vend, est créancier et débiteur, entreprend des routes, des bâtiments, gère des institutions, etc., C'est la volonté qui est la base de la vie juridique ; l'organe de la volonté du département, c'est le conseil général.

Conseil général. — Il y a un conseil général par département ; chaque canton élit un de ses membres, au suffrage universel et pour six ans ; les conseils généraux sont renouvelables par moitié tous les trois ans. On ne peut être conseiller général dans un département que si on a avec lui certains biens ; en principe, il faut y avoir son domicile ; pour un quart des membres au maximum (le quart *forain*) il suffit d'y être inscrit au rôle des contributions. Dans l'esprit de la loi, les élections au Conseil général ne doivent pas être des élections *politiques* : les hommes doivent être choisis moins à raison de leur opinion que de leur aptitude à administrer les intérêts particuliers du département ; pour administrer les intérêts, il faut les connaître ; pour les connaître, il faut appartenir au département. Cette théorie de la loi est d'ailleurs complètement méconnue dans la pratique. Le conseil général tient deux sessions par an : la session de Pâques (qui s'ouvre le second lundi après Pâques), la session d'août (qui s'ouvre le premier lundi après le 15 août ; mais, depuis 1907, le conseil général peut fixer la date de cette seconde). En fait, par conséquent, le Conseil général siège à peine un mois par an ; pendant ouze mois, le département n'était donc pas représenté et le préfet pouvait l'administrer sans contrôle ; c'est pour mettre fin à cette situation que l'Assemblée Nationale, comprenant un grand nombre de conseillers généraux, créa la *commission départementale*. (loi du 10 août 1871.) C'est une sorte de délégation de 4 à 7 conseillers généraux élus pour un an par leurs collègues, et qui exerce un contrôle presque permanent, puisque la loi lui fait un devoir de se réunir tous les mois, Sur ce point, d'ailleurs, la loi est allée au delà des désirs des administrés. En fait, bien des commissions départementales se réunissent vers la fin du mois pour une session unique qui se prolonge sur les premiers jours du mois suivant : ainsi le vœu de la loi est satisfait dans sa lettre et tourné en fait. La commission départementale est une très importante création au point de vue des libertés locales : « La commission départementale c'est toute la loi », disait M. Waddington dans son rapport sur la grande loi du 10 août 1871.

Les conseils généraux sont une des institutions françaises qui fournissent le meilleur rendement. On ne peut pas dire que ces assemblées comprennent l'élite de la nation, mais l'élite d'un petit monde politique local ; on est porté au conseil général, où l'on reste le plus souvent pendant de longues années, non par une popularité bruyante, mais par une estime et une sympathie solidement assises. Les conseils généraux sont des assemblées calmes et laborieuses. L'ensemble des conseils généraux forme une image infiniment variée et nuancée de la France totale, peut-être plus exacte que celle que donne le Parlement : aussi les consultations des conseils généraux sur les grands problèmes politiques, économiques, fiscaux sont-elles particulièrement significatives.

D'ailleurs, la plupart des parlementaires font tous leurs efforts pour cumuler leur mandat législatif avec un siège de conseiller général qui leur permet de mieux tenir leur circonscription. Ainsi, en ce moment (février 1919) sur 86 conseils (abstraction faite de la Seine et des trois départements alégriens), 63 sont présidés par des parlementaires : 37 sénateurs et 26 députés ; 8 ministres sont conseillers généraux ; 4 ministres et 2 sous-secrétaires d'Etat sont présidents de ces assemblées,

Affaires gérées par le département. — Les affaires gérées par le département sont nombreuses et variées. Il faut mettre à part la construction et l'entretien des bâtiments qu'abritent les grands services publics : préfectures, palais de justice, prisons, gendarmeries. Ce sont là des dépenses qui devraient, en bonne logique, figurer au budget de l'Etat : on en a déchargé le budget de l'Etat, sans pour cela décharger d'un centime le contribuable. Les conseillers généraux ne mettent pas un grand zèle à s'acquitter de ces dépenses qui n'ont rien de départemental et lorsqu'il s'agit, par exemple, de reconstruire les prisons pour réformer le régime parlementaire, la volonté du législateur se heurte à l'inertie des assemblées départementales. — Les attributions proprement départementales concernent la voirie, l'hygiène, l'assistance. C'est par la *voirie*, et par l'entretien des bâtiments publics que s'est affirmée en premier lieu la personnalité civile du département : par deux décrets du 9 avril et du 16 décembre 1811, Napoléon *fit cadeau* aux départements des bâtiments, des cours et tribunaux et des routes nationales de dernière classe : on devine en quoi consistait ce beau, cadeau : c'était l'obligation d'entretenir sur les deniers départementaux les dépendances du domaine public ainsi données. Le Conseil général administre encore les chemins de fer et tramways départementaux. Ces questions de chemins ont une très grande importance dans les campagnes françaises. — La loi du 15 janvier 1902 charge le conseil général de *l'hygiène* du département. Enfin, il a une très importante *mission charitable*, dont les lois lui font tantôt un devoir, tantôt une faculté : à titre facultatif, la loi du 10 août 1871 laisse au Conseil général une initiative complète en matière d'assistance, mais le département doit assurer, à titre obligatoire, l'assistance des aliénés, des enfants assistés, des malades à domicile, des vieillards, infirmes et incurables.

Avenir du département. — La constituante n'a pas découpé au hasard les anciennes provinces pour créer les départements : elle a tenu compte, dans la mesure du possible, des affinités historiques, économiques, géographiques. Là où l'unité nouvelle était fictive, les habitudes continuées pendant plus de cinq quarts de siècle ont créé une sorte de réalité ; le département est devenu une unité vivante de la collectivité française ; il y a un patriotisme départemental. — Toutefois, les moyens de communication font apparaître le département comme une division beaucoup plus petite qu'elle n'apparaissait au moment où elle a été créée. — D'autre part, certains services sont évidemment à l'étroit dans le cadre départemental : il en est ainsi par exemple des chemins de fer que l'on qualifie d'intérêt local ; il est grandement souhaitable que ces lignes se raccordent par-dessus les limites départementales ; sans doute les ententes départementales sont possibles, mais elles entraînent des lenteurs, des différends, des erreurs ; d'autre part, l'exploitation dans les limites d'un département ne peut pas être établie sur des bases assez larges. Le chemin de fer d'intérêt local devrait être créé, administré, géré par une division plus large que le département, et à laquelle on a déjà donné un nom : la région. — Le département est également trop étroit pour une organisation satisfaisante des services d'assistance : il y a plusieurs départements qui n'ont pas d'établissement d'aliénés, les départements à population urbaine trop dense essaiment leurs enfants assistés dans les campagnes de plusieurs départements voisins. Les fonctionnaires départementaux sont trop près des populations pour être absolument libres de prendre des décisions uniquement inspirées par l'intérêt général. D'autre part, la dispersion des efforts empêche évidemment d'avoir les avantages de la concentration des entreprises : un établissement de huit cents lits, permet mieux que huit hôpitaux de cent lits chacun d'avoir les meilleurs spécialistes, les meilleurs aménagements, les meilleurs systèmes d'isolement des contagieux, etc. Certains établissements devraient être constitués par région. Remarquons dès maintenant, sauf à nous expliquer tout à l'heure sur ces termes, qu'on peut être régionaliste sans être décentralisateur : c'est-à-dire qu'on peut souhaiter que le degré actuellement existant de liberté locale s'exerce dans un cadre plus vaste. L'organisation régionale pourrait se superposer à l'organisation départementale, à condition que celle-ci soit simplifiée : autrement on n'aurait fait que créer une nouvelle complication.

L'arrondissement. — L'arrondissement présente, de même que le canton, ce caractère d'être un germe de vie locale déposé dans nos institutions et qui ne s'est pas encore développé. Lorsqu'il fut créé pour la première fois en l'an VIII, il s'appelait *arrondissement communal*. Dans l'esprit de ses créateurs, il devait grouper les communes de façon à faire vivre de puissantes institutions locales. Ces intentions se sont heurtées à l'excès d'amour-propre et de désir d'autonomie des communes. — Mais ce qui caractérise l'arrondissement, c'est que, sans avoir de vie locale, il en a les organes : il y a à la tête de chaque arrondissement un sous-préfet (V. *supra*) ; mais en outre, il y a un conseil d'arrondissement, composé d'au moins 9 membres, élus par le suffrage universel, pour 6 ans, renouvelables par moitié tous les trois ans, à raison d'un membre par canton (les cantons les plus peuplés en élisent 2 s'il est nécessaire de parfaire le chiffre minimum de 9 membres) — Cette assemblée n'a que des attributions fictives : elle était chargée de répartir entre les communes les impôts de répartition, travail qui était accompli en fait par les agents des contributions directes ; la réforme récente des impôts leur a enlevé cette apparence d'attribution. Elle peut défendre les intérêts de l'arrondissement par des avis ou des vœux. — Les conseillers d'arrondissement ont des attributions personnelles : ils peuvent suppléer le sous-préfet (signature des permis de chasse), siègent dans les conseils de revision, mais surtout ils sont électeurs sénatoriaux de droit. C'est tout. Il n'y a pas de budget d'arrondissement, donc pas d'institutions de l'arrondissement. On supprimerait ces assemblées qu'aucun vide ne se ferait sentir dans la vie nationale. Cette suppression pourrait être décidée par une loi ordinaire, puisque, depuis 1884, l'élection des sénateurs est sortie du domaine réservé des lois constitutionnelles. Ce n'est pas une réforme urgente. Le titre de conseiller d'arrondissement coûte peu à la collectivité et fait plaisir à une quantité de citoyens.

L'arrondissement n'en subsisterait pas moins comme

division de l'administration générale. Depuis longtemps, on réclame la suppression des sous-préfets qui ne sont guère en fait que des agents politiques et électoraux, et dont les attributions administratives se bornent à être une « boîte aux lettres » c'est-à-dire un agent de transmission entre les administrés et le préfet. — L'arrondissement sert encore de limite à l'action d'un certain nombre de fonctionnaires: il y a, par exemple, dans chaque arrondissement un receveur particulier des finances ; il y a surtout un tribunal de première instance : l'uniformité voulait que l'arrondissement de Barcelonnette, qui ne compte pas quinze mille habitants (14.132), eût son tribunal comme l'arrondissement de Toulon qui en a près de deux cent mille (196.133). Et comme chaque arrondissement envoie un représentant à la Chambre, il trouve en lui l'organe attitré de ses prétentions les plus injustifiées et l'obstacle naturel aux réformes.

Le canton. — Le canton n'est qu'une simple division du territoire, limitant la compétence territoriale de certains agents de l'Etat et servant de circonscription pour certaines élections (conseils généraux et d'arrondissement). En fait, les cantons forment un centre important d'affaires : c'est au petit bourg qui sert de chef-lieu au canton et lui donne son nom que se tiennent les foires ; c'est là que siègent les officiers ministériels avec lesquels les paysans ont le plus souvent affaire : notaires, huissiers ; c'est là qu'ils trouveront également les fonctionnaires avec lesquels ils sont appelés à avoir les rapports les plus directs : juge de paix, percepteur des contributions directes, agents des contributions indirectes, receveur de l'enregistrement, agent voyer : la commune, chef-lieu de canton, entretient fréquemment sur son budget propre un hôpital-hospice, où les ma-

lades des autres communes du canton peuvent être hos-
pitalisés moyennant un prix de journée ; c'est au chef-
lieu de canton que se tient la brigade de gendarmerie
qui représente la seule force publique sur l'immense
majorité du territoire ; c'est là que les jeunes conscrits
devront aller passer le conseil de revision pour le recrutement de l'armée ; dans le régime antérieur à la séparation, le canton était même un centre de vie religieuse :
seuls les prêtres catholiques, mis à la tête de la paroisse
principale, pouvaient prendre le titre de curés, et le gouvernement se réservait d'approuver leur nomination,
celles des autres étant à la discrétion de l'évêque.
D'après la constitution de 1848, les électeurs du suffrage
universel devaient se transporter au chef-lieu de canton
pour y déposer leur vote dans l'élection des députés ;
il en fut de même, d'après le décret du 29 janvier 1871
qui régla les élections à l'assemblée nationale, etc. Mais,
en somme, on le voit, le canton est surtout une circonscription pour les fonctionnaires de l'Etat ; il forme, en
fait, un groupement de communes, un « pays » qui n'est
pas sans importance : mais il n'a pas de vie propre : il
n'y a pas d'autorités, ayant compétence pour l'administration générale du canton, soit élues, soit nommées ; il
n'y a pas d'institutions de canton, pas de budget du canton, pas de chemins, d'hospices, d'établissements quelconques du canton. Le canton pouvait tenir un autre
rôle qu'on a essayé de lui confier en 1795. Il y a en
France une poussière de communes entre lesquelles la
vie locale s'éparpille, se dilue, stagne. Dix communes
isolées n'ont pas chacune séparément les moyens d'avoir
des institutions viables en matière d'assistance, d'hy-
niène, etc. Groupées dans une organisation cantonale, elles pourraient les organiser utilement. C'est un

des problèmes les plus intéressants qui se poseront aux réformateurs de demain.

La commune. — Les réformateurs du xviiie siècle, notamment Le Trosne, dans son célèbre ouvrage sur *l'Administration de la France*, se préoccupaient de voir la vie locale à son dernier degré, éparpillée, donc anémiée dans une poussière d'innombrables paroisses. Les débats de la Constituante témoignent que cette assemblée eut les mêmes préoccupations : mais sa volonté de créer des cellules de grandeur convenable à la base de la vie locale se heurte à des souvenirs, à des traditions, à des amours-propres irréductibles ; elle se borne à supprimer l'individualité de quelques milliers de paroisses et, pour le reste, décide que chacun des groupes existants sous le nom de villes, bourgs, ou communautés d'habitants formerait une commune de l'organisation nouvelle. — Le régime diréctorial de l'an III essaye de fondre les petites communes dans les municipalités de canton ; mais l'esprit particulariste l'emporte de nouveau avec le Consulat : sans doute, Bonaparte pense à faire de l'arrondissement le cadre le plus important de la vie locale ; cette intention reste à l'état de simple velléité. Il se borne finalement à prononcer une nouvelle suppression de communes minuscules : il en reste encore un trop grand nombre : plus de dix-huit mille comptent moins de 500 habitants, plus de 5.000 en ont moins de 200, enfin 137 en ont moins de cinquante. Une commune de Seine-et-Oise se resserre sur 9 hectares, soit un carré de 300 mètres de côtés, quelque chose comme la place de la Concorde : mais la commune d'Arles en couvre 103.000.

En somme et sauf la réduction à *trente-six mille* unités, la division communale de la France en 1918 est encore très sensiblement ce qu'elle était sous Louis XIV.

Uniformité de la législation municipale. — Cependant, la Révolution, puis l'Empire tenaient à faire disparaître la diversité de la figure de l'ancienne France, afin que de l'uniformité naisse l'unité. C'est la même législation qui s'applique en principe aux petites communes rurales et aux grandes agglomérations urbaines comme Lille ou Bordeaux

Conseil municipal. — Chaque commune possède sous ce nom une assemblée représentative, composée de 10 à 36 membres (54 à Lyon, 80 à Paris), élus au suffrage universel, et en principe sur une liste unique par tous les électeurs de la commune. Exceptionnellement, la commune peut être divisée en sections dont chacune élira un certain nombre de conseillers. Le conseil municipal est élu pour 4 ans et se renouvelle intégralement. Pour être éligible, il faut justifier avoir, avec la commune, certains liens : l'inscription sur la liste électorale, ou sur la liste des contributions directes. Le nombre des membres non résidents ne peut dépasser le quart. — Le conseil municipal tient chaque année quatre sessions ordinaires de quinze jours.

Le maire. — Chaque conseil municipal élit, parmi ses membres, un maire et des adjoints. Les adjoints n'ont qualité que pour suppléer le maire, en cas d'empêchement : ils n'ont pas d'attributions propres et ne constituent pas une autorité collective. — Le maire a une double qualité : il est, avant tout, organe exécutif du conseil municipal qui l'a élu et administrateur de la commune : mais aussi, il est agent de l'Etat, il est le subordonné immédiat des préfets dans la hiérarchie de l'administration générale : il est chargé de veiller à

l'application des lois, au maintien de l'ordre ; il doit
aider la justice à retrouver les malfaiteurs ; il collabore
au recrutement de l'armée, etc. Nous savons déjà qu'il
dirige la confection des listes électorales et qu'il préside
le scrutin. On représente parfois le maire comme une
autorité paternelle, arbitrale, planant au-dessus des
partis, et c'est avec ces considérations que l'on justifie
la règle que ce sont les maires qui « tiennent les urnes ».
C'est là de la pure fiction : les élections municipales
sont une lutte politique ; le maire est le chef du parti
qui a triomphé. C'est donc un homme de parti, dont il
n'y a pas à attendre de *l'impartialité*. Au contraire, à
mesure qu'on descend dans la vie publique, les rivalités
sont plus acerbes. L'examen de la jurisprudence du
conseil d'Etat suffirait à montrer de quelles tracasseries
mesquines les citoyens seraient victimes si on les laissait
à la merci de ces magistrats prétendus paternels. On a
avancé que si les passions politiques avaient pénétré
dans les élections locales, qui ne devraient avoir qu'un
caractère administratif, la faute en est au législateur qui
a chargé les conseils municipaux de désigner des électeurs pour le Sénat. C'est une vue *a priori*. En Belgique,
où les conseils ne participent pas à l'élection des sénateurs, les passions politiques sont déchaînées autour des
élections communales.

Toutes les fonctions électives locales (conseiller général d'arrondissement municipal, maire, adjoint) sont légalement gratuites. En fait, sous la double influence du
progrès des idées socialistes et de l'augmentation de l'indemnité parlementaire, un grand nombre d'assemblées
locales essaient d'allouer un traitement à leurs membres
ou à leurs élus sous forme d'indemnités diverses.

Les autorités locales ont naturellement à côté d'elles

une bureaucratie dont l'importance varie avec celle des services auxquels elle est appelée à faire face. Ce qui caractérise jusqu'ici l'administration de nos communes rurales, c'est le rôle très important et très utile qu'y joue l'instituteur comme secrétaire de la mairie.

Centralisation ou décentralisation. — Si les électeurs des groupes que nous venons d'indiquer ont le droit de choisir les administrateurs des affaires publiques d'intérêt local, et si ces administrateurs ont qualité pour prendre des décisions en ce qui concerne ces affaires, on dit qu'il y a *décentralisation*. Si, au contraire, les affaires publiques, même celles qui ont un intérêt local, sont gouvernées par l'autorité lointaine de l'Etat, ou par des agents qu'elle envoie sur place, il y a *centralisation*.

Abandon de la centralisation napoléonienne. — Ce serait une profonde erreur de croire, comme on l'entend trop souvent répéter, que la France républicaine vit, en 1919, sous le régime de la centralisation napoléonienne; on a conservé le cadre, on a changé le tableau. Le régime de l'an VIII réalisait, en effet, un système presque parfait de centralisation de la nomination du personnel et du pouvoir de décision. Toutes les autorités locales, qui sont élues aujourd'hui — membres du conseil général, du conseil d'arrondissement, du conseil municipal, maires — étaient alors directement nommés par le Chef de l'Etat ou par ses représentants immédiats, les préfets. Mais, en outre, ces conseils, arbitrairement nommés par le pouvoir central, et qui par conséquent présentaient toutes garanties de soumission et d'obéissance, ne possédaient aucune parcelle d'autorité, aucune trace de pouvoir de décision : c'étaient des corps purement consultatifs, émettant, quand le pouvoir central le leur demandait, des avis qu'il se réservait l'entière liberté de suivre ou de ne pas suivre. Un conseil général était alors un ensemble de notables locaux que le préfet convoquait annuellement pendant quelques jours auprès de lui, pour *s'entretenir* avec eux des besoins du département : après quoi, il les renvoyait et administrait souverainement sous le seul contrôle du pouvoir central.

Tout cela est bien changé aujourd'hui : il y a décentralisation du personnel et de la décision. Les conseils locaux sont élus depuis la Monarchie de Juillet (lois de 1831 et de 1833) ; ils sont élus par le suffrage universel depuis 1848. En outre, depuis 1883, tous les maires, sans exception, sont élus par le Conseil municipal, parmi ses membres. La décentralisation du personnel, inexistante en l'an VIII, est aujourd'hui complète pour la commune ; elle est encore imparfaite pour le département : nous n'avons pas en effet, dans cette circonscription, d'organe élu, chargé d'exécuter les délibérations du conseil général : il n'y a pas de « maire départemental ». Le pouvoir central impose son représentant, le préfet, comme organe exécutif du département.

En 1837 et 1838 commença, après la décentralisation du personnel, la décentralisation du pouvoir de décision, les conseils généraux et les conseils municipaux reçurent un germe de pouvoir de décision qui fut progressivement développé : de sorte qu'aujourd'hui, depuis la grande loi départementale du 10 août 1871 et la charte communale du 5 avril 1884, on peut dire que les affaires du département et de la commune sont réglées par les conseils élus. La loi communale le proclame d'ailleurs dans un article que l'on a appelé son drapeau : « Le conseil municipal règle, par ses délibérations, les affaires de la commune ».

Tutelle administrative. — Sans doute, il ne faut pas oublier que départements et communes ne sont que des fractions de la nation, et qu'il importe que leur activité n'aille pas à l'encontre de l'intérêt général. La conformité de cette action avec l'intérêt général est assurée par la *tutelle administrative*. Cette institution est la contrepartie de la décentralisation : vous agirez de votre propre initiative, dit le pouvoir central, mais je vous empêcherai de mal faire.

Tutelle sur le personnel élu des administrations locales. — La tutelle administrative s'exerce sur les personnes et sur les actes. — D'abord, les conseils locaux peuvent être dissous, non point tous en bloc, mais isolément et par mesure spéciale du chef de l'Etat. Les lois ont d'ailleurs pris des mesures, toujours plus libérales, pour empêcher les abus du gouvernement en cette matière : ainsi, le chef de l'Etat doit informer immédiatement les Chambres, si elles sont en session, de la dissolution d'un conseil général ; les chambres fixent la date des élections ; si les chambres ne sont pas en session, les élections doivent avoir lieu le 4e dimanche après le décret de dissolution. Les dissolutions de conseils généraux sont d'ailleurs extrêmement rares. Le conseil municipal peut être, en cas d'urgence, suspendu pour un mois par le préfet, sauf approbation du ministre ; il peut être dissous par décret motivé du Chef de l'Etat pris en conseil des ministres ; mais un nouveau conseil municipal doit être élu dans les deux mois de la dissolution. Les dissolutions de conseils municipaux sont plus fréquentes que celles des assemblées départementales : elles sont souvent nécessitées par le partage des voix en deux partis égaux et irréductibles qui entraînent la stagnation de la vie municipale. Souvent aussi, des membres du Conseil municipal se sont rendus coupables de fraudes électorales, qui, pour un motif quelconque, n'ont pas amené l'annulation des élections par la juridiction compétente : cette assemblée est tout de même déconsidérée, et est, à bon droit, dissoute. — Entre la dissolution et l'élection nouvelle, les affaires courantes sont expédiées par une « délégation spéciale » nommée par le président de la République. Pour le conseil général, si les Chambres ne sont pas en session, un nouveau conseil est élu très rapidement ; si les Chambres sont en session, elles fixent la date de la nouvelle élection et peuvent décider que la commission déparlementale restera en fonction. — On sait que le maire a une double qualité : agent de l'Etat, organe de la commune. Le maire est élu par la commune, mais le chef de l'Etat peut le révoquer. (Le préfet peut le suspendre pour un mois, le ministre pour trois mois.) Le maire révoqué conserve son titre de conseiller municipal, mais il ne peut être réélu maire avant un an. Jusqu'à une date récente, le pouvoir de révocation des maires (et des adjoints soumis aux mêmes règles) était arbitraire et arbitrairement exercé ; par exemple, un maire était révoqué pour avoir suivi la procession de la Fête Dieu ; une loi importante du 8 juillet 1908 a prétendu supprimer ou tout au moins limiter ces abus : un maire ne peut plus désormais être suspendu ou révoqué sans avoir été préalablement appelé à donner des explications écrites. De plus tous ces actes de rigueur à l'égard des officiers municipaux doivent exposer les motifs qui les fondent, et le Conseil d'Etat semble vouloir se rendre juge de la validité de ces motifs.

Tutelle sur les actes des administrations locales. — Les conseils locaux ne sont pas des Parlements, dont les décisions seraient souveraines et exécutoires par elles-mêmes. On ne peut abandonner la France aux caprices de 87 conseils généraux et de 36.000 municipalités. Il faut trouver un équilibre entre la liberté nécessaire des localités et la sauvegarde non moins nécessaire de l'intérêt général : or tout équilibre suppose des dosages délicats et souvent très complexes. Lorsqu'on lit pour la première fois l'exposé de notre législation relative à la force exécutoire des délibérations de nos assemblées locales, on ne peut manquer d'être surpris de son extrême complexité : suivant l'importance des matières qu'elles concernent, les décisions sont souveraines, définitives, soumises à annulation pour seule illégalité, annulables pour inopportunité, soumises à suspension, exécutoires sous condition de l'approbation du pouvoir central, ou absolument dépourvues de force exécutoire. Les délibérations des assemblées locales sont rangées suivant ces diverses catégories et il est fort difficile à un esprit non averti de se faire une idée d'ensemble de la liberté locale. Il arrive même souvent que l'exception emporte la règle. Les délibérations *ordinaires* du Conseil général peuvent être suspendues par un simple décret et pour simple inopportunité ; au contraire les délibérations *réglementaires* qui forment le droit commun des délibérations du conseil municipal sont exécutoires par elles-mêmes, un mois après leur dépôt à la préfecture et ne peuvent être annulées que pour illégalité. A une lecture superficielle, on pourrait donc être tenté de croire que la délibération est plus décentralisée dans la commune que dans le département. Je ne sais cependant si cela est pratiquement vrai : en effet, toutes les délibérations de quelque importance, toutes celles qui intéressent la vie de la commune ne sont exécutoires qu'avec l'approbation du préfet. Le conseil municipal ne peut même pas, sans cette approbation, changer le nom d'une rue ! La liberté des décisions réglementaires est souvent illusoire : elles ne portent souvent que sur des principes. Supposons par exemple que toutes les conditions soient réunies pour que le conseil municipal puisse décider seul la construction d'un lavoir. Il faudra peut-être une expropriation que le Conseil municipal ne pourra pas ordonner ; il faudra sûrement un crédit ouvert au budget, et le budget doit être approuvé par le pouvoir central ; il faudra certainement aussi une adjudication qui devra également être approuvée par le préfet.

Une autre rançon de l'abandon aux autorités locales du pouvoir direct de décision, c'est l'institution de la dépense obligatoire. Les lois d'organisation administrative contiennent une liste (qui a été encore allongée au cours de ce dernier quart de siècle par les dépenses dites de solidarité) de dépenses que le conseil local est obligé de voter, et auxquelles il est tenu de faire face par la création de ressources correspondantes ; s'il néglige ce double devoir, le pouvoir central (représenté par le président de la République pour le département, par le préfet pour la commune) y supplée par l'*inscription d'office* de la dépense, et une *imposition d'office* des citoyens destinée à y faire face. Pendant plusieurs années, le Conseil municipal de Paris refusa de voter le budget de la police : il en résultait que cette matière restait dans les mains du pouvoir central.

On ne peut comprendre la complexité de cette législation si on oublie de la considérer du point de vue historique : il faut partir de la centralisation napoléonienne, et comprendre que le pouvoir central a lâché la liberté, morceau par morceau, bribe par bribe, s'efforçant de récupérer, sous forme de tutelle, une partie de ce qu'elle abandonnait comme pouvoir direct de décision.

Centralisation plus grande pour certaines agglomérations urbaines d'importance anormale. — En dépit du désir d'uniformité qui a dominé notre législation administrative, il n'était pas possible d'assimiler la ville de Paris aux autres communes de France : 1° d'abord à raison de son importance : certains États européens (la Suisse) ont une population moindre que la ville de Paris ; leurs budgets ne remuent pas des sommes plus considérables et leur dette publique n'est pas plus lourde ; 2° à raison de sa qualité de capitale, siège des pouvoirs publics : Paris appartient à la France : les représentants de la nation doivent donc avoir un droit exceptionnel de regard sur son administration ; 3° enfin, c'est un fait confirmé par notre histoire mouvementée que, qui a Paris a la France : les révolutions sont faites par le peuple de Paris. Il en résulte que tous les gouvernements désirent, avec une ardeur particulièrement égoïste, le maintien de l'ordre dans la capitale. Pour ces motifs, la ville de Paris est moins décentralisée que les autres communes. De plus, la ville de Paris absorbe la presque totalité du département de la Seine : il en résulte que l'administration communale et l'administration départementale se pénètrent réciproquement ; et d'autre part que cette administration départementale est aussi moins décentralisée que dans les autres départements.

Il y a d'abord des règles spéciales quant au personnel. Paris est divisé en vingt arrondissements désignés

par des numéros, et chaque arrondissement en quatre
quartiers désignés par des noms propres ; chaque quar-
tier élit séparément, au scrutin uninominal, un seul
conseiller municipal. Cette règle a pour conséquence
d'assurer au conseil municipal une représentation au
moins empirique des minorités et d'empêcher par conséquent cette assemblée d'être en totalité entre les
mains d'un parti de violents qui pourrait, à un moment donné, emporter la majorité dans l'ensemble de
la capitale. Ces conseillers municipaux sont en même
temps conseillers généraux du département de la Seine ;
à ce titre, ils sont tous électeurs sénatoriaux de droit ;
pour constituer le conseil général, ils s'adjoignent un
certain nombre d'élus de la banlieue qui ne sont que
conseillers généraux. A ces deux titres, ces assemblées
allouent à leurs membres une indemnité importante
(9.000 francs pour les conseillers municipaux, 4.500
pour ceux qui ne sont que conseillers généraux). Cette
indemnité est, peut-être, justifiée par la charge de ces
mandats : pratiquement, le conseil municipal de Paris
siège d'une façon à peu près constante ; mais elle constitue une violation flagrante et évidente de la loi. Le
gouvernement s'abstient de réprimer cette illégalité
pour des motifs d'opportunité politique.

La Ville de Paris est moins décentralisée que les
autres communes en ce qui concerne son personnel :
elle n'a pas de maire. Les fonctions communales de ce
magistrat sont remplies par des autorités du département de la Seine : le *préfet de la Seine et le préfet de
police* ; car ce département a exceptionnellement deux
préfets. (Il y a bien à la tête de chacun des vingt arrondissements des personnages que l'on appelle les
maires ; mais, nommés par le chef de l'Etat sur présenta-

tion du ministre de l'intérieur, ils n'ont aucune fonction communale : ils remplissent seulement des fonctions d'État, telles que la tenue des registres de l'état-civil.

La ville de Paris est également moins décentralisée que les autres en ce qui concerne le pouvoir de décision : la charte du 5 avril 1884 ne lui est pas applicable ; elle en est encore au régime de la loi du 24 juillet 1867 : en principe toutes les délibérations du conseil municipal de Paris ne sont exécutoires que si elles sont expressément approuvées par le Préfet. Le Préfet de la Seine et le conseil municipal sont donc deux autorités égales qui collaboreront avec des droits égaux à l'administration de la capitale. — Il y a, comme on peut bien le penser, un mouvement qui tend à obtenir pour la ville de Paris les complètes libertés communales, par son assimilation aux autres communes : Paris libre comme Carpentras ! la Ville-Lumière tenue en tutelle alors que Carpentras n'y est pas ! Mais jusqu'ici ce mouvement est confiné à un petit cercle de politiciens.

A raison de son importance et aussi des motifs politiques, la ville de Lyon offre quelques particularités d'organisation municipale : il y a six arrondissements, administrés chacun par deux adjoints élus. Mais surtout, la police a été enlevée au maire pour être confiée au préfet. Cette dernière disposition a été étendue à Marseille par la loi du 8 mars 1908 et a eu pour résultat un accroissement [subit de la] sécurité dans notre grand port méditerranéen.

L'avenir de la décentralisation. — Il est superflu de rappeler ici les avantages incontestables de la décentralisation ; elle met l'administration à la porte de chaque citoyen ; elle donne le droit de décider d'intérêts particuliers à ceux qui sont le plus au courant de ces intérêts ; théoriquement, elle assure la responsabilité puisque ceux qui sont chargés de gérer ces intérêts particuliers agissent directement sous les yeux des intéressés. — Le plus grand avantage de la décentralisation, c'est qu'elle est une école de vie publique ; les citoyens sentent qu'ils participent immédiatement à la gestion des intérêts communaux : ils ont le sentiment qu'ils décident de la construction d'une halle, d'un marché. La décentralisation tend aussi à développer l'esprit public qui est nécessaire à l'existence et à la sauvegarde de la nation. L'esprit public soutient les organes constitutionnels, et quand ils disparaissent dans la rafale des révolutions, il les supplée et sauve encore l'unité de l'État.

Mais ce principe, excellent en lui-même, deviendrait périlleux par son excès : il dégénèrerait alors en anarchie, en désordre, en dilapidation des ressources du pays. Devons-nous, sous prétexte de liberté, laisser une ville se transformer en foyer pestilentiel, susceptible d'empoisonner la France? Faut-il permettre aux élus passagers d'une majorité incertaine de détruire des cathédrales qui heurteraient leurs sentiments philosophiques ou, pour des considérations d'édilité, de supprimer des vestiges du passé qui font partie du patrimoine du pays ? Faut-il laisser les *nervi* maîtres du pavé de Marseille, à la faveur d'une police désorganisée par la faiblesse de la municipalité ? etc., etc. On sent parfaitement que la décentralisation ne peut être qu'une tendance, non une règle absolue. Il y a un équilibre à atteindre. Quand on a froid, il faut se chauffer, non se jeter au feu. Lorsque la France eut été remise de ses blessures, il fut bon de la sortir du corset de fer où Napoléon avait emprisonné ses membres. Il était nécessaire de décentraliser. Mais maintenant il est aussi urgent d'abandonner l'emploi, contre le régime actuel de la France, d'une critique dénigrante qui s'appliquait au régime d'il y a un siècle et tomberait à faux aujourd'hui. Il y a des voies où il faut marquer des points d'arrêts. Il y a même des points sur lesquels il faut courageusement revenir en arrière ; confier aux maires, aux gardes champêtres, à des agents de police choisis sous l'influence des petites coteries locales, le maintien de l'ordre et de la sécurité publique, c'est la dernière des imprudences. La police sera d'Etat ou ne sera pas. Que l'on jette un coup d'œil sur le document capital publié annuellement par le ministère de l'Intérieur sous ce titre : *Situation financière des communes* et on comprendra alors la portée des réclamations en faveur de la « liberté financière », des municipalités. Le contribuable paie, en bien des endroits, autant et plus au département et à la commune qu'à l'Etat. Que serait-ce, grand Dieu ! si la « liberté financière » existait ? La commune épuiserait les facultés contributives des citoyens et l'Etat ne trouverait plus en face de lui que brebis tondues. Et on s'apercevrait alors que la liberté des administrations locales n'est pas la liberté des administrations. Il ne faut pas se jeter à l'extrême et, en haine de l'autoritarisme napoléonien, se précipiter dans l'anarchie oppressive de la Constituante.

BIBLIOGRAPHIE. — Il y a deux traités classiques de droit administratif, en un volume, en usage dans les Facultés, Henri BERTHÉLEMY, *Traité élémentaire de droit administratif*, 8º éd., 1915 ; Maurice HAURIOU, *Précis de droit administratif*, 9º éd., 1919.

Sur le fonctionnement pratique de l'administration et l'organisation des ministères, on lira avec profit les études du Conseiller d'Etat Henri CHARDON, *Les travaux publics*, 1904 ; — *L'administration de la France*, 1908: *Le pouvoir administratif*, 1911.

On trouvera des indications diverses sur la décentralisation dans JOSEPH-BARTHÉLEMY, *Les tendances actuelles de la législation et de l'opinion française en ce qui concerne l'organisation administrative*, 1910.

Quant aux traits caractéristiques du droit administratif français, ils sont magistralement exposés dans le savant ouvrage du prof. G. Jèze, *Les principes généraux du droit administratif français*, 2e éd., 1914.

CHAPITRE X

LA JUSTICE

S'ils avaient à construire de toutes pièces une constitution nouvelle, les théoriciens, imbus de principes abstraits, confieraient la fonction de juger, c'est-à-dire de trancher les litiges que soulève la vie sociale et de prononcer des peines contre les délinquants, à une hiérarchie unique, dont ce serait la fonction exclusive, qui serait dominée par une autorité centrale (Cour Suprême, Grand Juge ou autre), qui serait absolument indépendante des autres autorités exerçant les fonctions différentes de l'Etat, qui, en un mot, constituerait un *pouvoir* conformément à la doctrine traditionnelle de la « séparation des pouvoirs » illustrée par Montesquieu. Cet idéal (si c'en est un) n'est pas, de tous points, réalisé par les institutions françaises. La fonction de juger est confiée à des autorités d'origines et de caractères divers ; les juges qui sont indépendants ne le sont pas d'une manière complète ; il y en a d'autres qui ne le sont pas davantage que d'autres fonctionnaires ; il n'y a pas une hiérarchie judiciaire unique ; il y a même, sur certains points, confusion étroite des « pouvoirs » en ce sens que certaines autorités sortent absolument de leur mission normale pour remplir une fonction essentiellement judiciaire (Sénat constitué en haute cour de justice).

Mais, en somme, ce qui caractérise l'exercice de la fonction de juger dans la vie courante de notre pays, c'est l'existence de deux hiérarchies, parallèles et souvent rivales ; d'un côté, l'ordre judiciaire dominé par la Cour de Cassation, chargé normalement, en principe, de la fonction de juger ; de l'autre côté, la juridiction administrative, ayant à sa tête le Conseil d'Etat, chargée de trancher les litiges où sont intéressés la puissance publique et les services publics ; entre ces deux autorités, et pour trancher leurs rivalités, un pouvoir arbitral, le Tribunal des Conflits.

En dehors de ces deux hiérarchies apparaissent, comme des excroissances souvent critiquées, la justice militaire (soumise cependant dans une certaine mesure au contrôle de la Cour de Cassation) et la justice politique.

I

L'ORDRE JUDICIAIRE

La fonction de juger est essentiellement confiée à ces fonctionnaires que le langage courant appelle les juges et dont l'ensemble forme la « magistrature ». Ce sont les membres des tribunaux de première instance, des cours d'appel, de la Cour de Cassation. C'est à eux que l'on pense lorsque l'on parle de la réforme de la magistrature, de l'inamovibilité des juges, etc. Au-dessous de cette hiérarchie, et un peu en dehors quoique rattachés à elle par le contrôle de l'appel et de la cassation, sont les juges de paix, dont l'ensemble forme ce que l'on appelle quelquefois la « magistrature cantonale ». — Toutes les contestations entre citoyens, lorsqu'elles ne sont pas expressément confiées à d'autres juges doivent être portées devant ceux-là, et c'est pourquoi on les appelle les « juges civils ». Mais notons que ces mêmes juges se transforment aussi en juges de répression chargés de prononcer des peines.

I. — *LA JUSTICE CIVILE*. — 1° Le juge de paix, juge unique de conciliation et juge d'exception des petits litiges. — Au chef-lieu de chacun des 2.863 cantons (V. *supra*), siège un juge de paix. Cette institution a été créée par la Révolution, qui l'a empruntée à l'Angleterre et à la Hollande. Elle correspond à la préoccupation exprimée par Thouret en 1750 que « la justice des tribunaux n'est faite que pour ceux qui n'ont pas le bon esprit de s'en passer ». En effet, la première des attributions du juge de paix, c'est d'éviter les procès : toute procédure, avant d'être portée devant les tribunaux compétents doit être, en principe, précédée de la tentative de conciliation : le juge de paix doit essayer de concilier les parties pour les dispenser des frais du procès et aussi pour éviter l'envenimement des discordes contraires à la paix sociale. Il y a ainsi chaque année 700.000 tentatives de conciliation. C'est là une fonction bien élevée, et, on verra, à propos du recrutement des juges de paix, s'ils présentent les garanties de savoir et d'autorité morale nécessaires pour l'exercer convenablement. En fait, la tentative de conciliation tend à n'être dans les villes qu'une simple formalité ; elle est plus efficace dans les campagnes, et les statistiques officielles indiquent qu'elle arrête les deux cinquième des affaires. — En second lieu, les juges de paix sont chargés de la mission paternelle de défendre les intérêts des incapables : à ce titre, ils président annuellement 70.000 conseils de famille. — Enfin, les juges de paix exercent une fonction importante au point de vue de la paix sociale : ils sont juges de ces petits litiges qui causent parfois entre voisins, dans le fond des campagnes, des haines mortelles : juges uniques, ils tranchent définitivement, sans appel, et sous un contrôle très limité de la Cour de Cassation pour excès de pouvoir, un grand nombre d'affaires si l'intérêt engagé ne dépasse pas 300 francs : actions mobilières, contestations entre les voyageurs et les hôteliers et entrepreneurs de transports ; entre propriétaires et locataires ou fermiers ; entre les maîtres et serviteurs, patrons et employés ; ils tranchent les contestations sur la vente des animaux domestiques, etc. — Avec appel possible devant le tribunal d'arrondissement, leur compétence s'étend aux affaires précédentes au-dessus de trois cents francs, mais encore à toute une série d'affaires définies par les lois : dommages aux champs, actions en bornage, petites pensions alimentaires (jusqu'à 600 francs), régime des eaux, saisies-arrêts sur les petits salaires, accidents du travail, etc.

Ajoutons immédiatement, pour compléter la physionomie du juge de paix, qu'il est auxiliaire du ministère public pour la recherche et la constatation des infractions et qu'il est lui-même juge des petites infractions. (V. *infra*).

La justice de paix est une justice d'*exception* : cela signifie qu'elle ne connaît que des litiges qui lui sont expressément déférés par les textes ; — mais les textes — dont le dernier est la loi du 12 juillet 1905 — marquent une tendance constante à étendre sa compétence. Cette tendance s'explique par la rapidité et la simplicité de la procédure qui est quatre fois plus économique que devant les autres juridictions.

La mission sociale du juge de paix est donc des plus hautes ; il doit faire régner l'ordre et la paix dans le canton. L'organisation pratique de l'institution correspond-elle à cette conception idéale du « Salomon cantonal » ?

La loi du 12 juillet 1905 s'est efforcée d'améliorer le recrutement des juges de paix : ils sont nommés par le Président de la République, sur proposition du ministre de la justice, dans une vingtaine de catégories : il faut en principe être pourvu d'un diplôme (celui, assez facile à obtenir, de capacitaire en droit suffit) et avoir fait un stage dans des offices ministériels ou dans les fonctions publiques, stage dont la durée augmente à mesure que diminue la valeur du diplôme. A défaut de tout diplôme, il suffit de 10 ans d'exercice de fonctions publiques, même de certaines fonctions *électives* : maire, adjoint, conseiller général.

Les juges de paix reçoivent un traitement qui varie de 2.500 à 5.000 francs et s'élève à 8.000 pour Paris. — Ils ne sont pas inamovibles, mais ont des garanties : ils ne peuvent être révoqués ou diminués de classe que sur l'avis conforme d'une commission nommée par le ministre et composée du procureur général de la cour de Cassation, des trois conseillers à cette cour et des directeurs du ministère de la justice.

L'organisation est bonne en elle-même mais est viciée par les institutions politiques : d'abord, un des élus que nous avons indiqués peut songer à trafiquer de son

mandat exercé pendant dix ans pour le troquer contre
une justice cantonale : il y a des exemples... Mais surtout, le recrutement des juges de paix est vicié à sa base
par les interventions parlementaires. Les juges de paix
ont une fonction trop importante, qui les met en rapports trop fréquents avec les électeurs pour que le député d'arrondissement ne s'efforce pas de les avoir dans
sa main. Toutes les réformes sont attachées à la réforme fondamentale des institutions et des mœurs politiques.

Juges non professionnels des intérêts spéciaux. —
a) *Tribunaux de commerce.* — Le président de la République peut, avec l'avis du Conseil d'Etat, créer des
tribunaux chargés de juger les contestations soulevées
par les actes de commerce. Il y a environ deux cents
tribunaux de cette nature ; dans les autres arrondissements, c'est le tribunal civil qui juge les affaires commerciales. — Les « juges consulaires » sont élus par
leurs pairs pour deux ans et rééligibles une seule
fois, ils nomment eux-mêmes leur président ; sont électeurs tous les commerçants patentés depuis 5 ans ; ils
sont éligibles à l'âge de 30 ans. Ces élections se carac-
térisent par la proportion écrasante des abstentionnistes :
en 1907 à Paris, ils furent 45.000 sur 47.000 inscrits.
— L'institution des tribunaux de commerce est critiquable dans son principe : le droit commercial n'est pas
un mystère accessible seulement à celui qui achète pour
revendre ; il constitue une législation écrite, dont l'interprétation relève de jurisconsultes de profession.
Qu'on ne dise pas que la procédure commerciale est
plus simple donc moins coûteuse : les tribunaux civils
appliquent la procédure commerciale aux affaires commerciales. Qu'on ne dise pas davantage que c'est une

juridiction paternelle, où les parties se défendent elles-mêmes, sans recourir à des intermédiaires obligés : en fait, les intermédiaires officieux pullulent : agréés, syndics, liquidateurs ; ils sont aussi chers, et présentent moins de garanties que des intermédiaires officiels. Quand le tribunal est embarrassé par une question délicate, il désigne un arbitre, dont le client fait les frais et qui, en fait, juge l'affaire. Ces tribunaux jugent environ 200,000 affaires par an, à charge d'appel devant la Cour d'appel.

Conseils de prud'hommes. — Les conseils de prud'hommes sont des tribunaux électifs composés de patrons et d'ouvriers, avec la mission de trancher les différends que soulève le contrat de travail. Il a fallu prévoir que les prud'hommes patrons se prononceraient pour les employeurs et, les prud'hommes ouvriers pour les salariés : en cas de partage, l'affaire est recommencée avec adjonction du juge de paix. Les décisions des conseils de prud'hommes sont définitives jusqu'à concurrence de 300 francs ; au-dessus de ce chiffre, l'appel est possible devant le tribunal civil. Aussi, à toute demande des ouvriers, les employeurs ripostent par une demande reconventionnelle d'une indemnité supérieure à ce chiffre, afin de ne pas être exposés à être jugés par les ouvriers plus le juge de paix. Il a fallu qu'une loi de 1907 prohibât expressément l'acceptation du mandat impératif par les candidats aux fonctions de conseillers prud'hommes : certains juges ouvriers s'engageaient à toujours condamner les patrons ! — L'immense majorité des affaires soumises à ces juridictions concerne les salaires et les indemnités pour brusque renvoi injustifié.

c)-Le jury d'expropriation. — C'est un principe de notre droit public qu'un citoyen ne peut être privé de sa propriété sans une juste et préalable indemnité. L'expropriation est prononcée par le tribunal civil, mais l'indemnité est fixée par un jury de douze citoyens, déterminés par une sélection opérée par le conseil général, la Cour d'appel ou le tribunal du chef-lieu, et les récusations des parties en présence.

La magistrature inamovible. — La magistrature est constituée essentiellement par les juges des tribunaux de première instance, les conseillers des Cours d'appel et de la Cour de cassation.

Règles communes aux divers degrés de juridiction. a) *Collégialité.* Tandis que, dans la justice de paix, est appliqué le principe du juge unique, triomphe partout ailleurs le principe qu'un litige ne peut être tranché que par un collège de juges : il en résulte que les magistrats sont nombreux, donc peu rémunérés. — b) *inamovibilité.* — Les juges sont inamovibles : ils ne peuvent être déplacés contre leur volonté; ils ne peuvent être frappés d'une mesure disciplinaire que par la Cour de cassation constituée en Conseil supérieur de la magistrature. Le magistrat est donc indépendant du gouvernement dans la mesure où il veut rester sur son siège ; il retombe sous sa dépendance dès qu'il veut avancer. Tous les hommes d'Etat se sont préoccupés de supprimer l'arbitraire dans le recrutement des magistrats : la liste de leurs projets de réforme est longue et intéressante à parcourir. Tous ces efforts n'ont abouti jusqu'à présent qu'au décret du 21 août 1906, rendu en vertu de la loi de finances de la même année ; ce décret, qui constitue la charte provisoire de la magistrature, pose des règles sur l'entrée et l'avancement dans la carrière. Le ministre peut choisir un quart des magistrats dans des catégories définies par le décret ; pour les trois autres quarts, on ne peut entrer dans la magistrature qu'à la suite d'un concours. — Quant à l'avancement, il ne peut être obtenu que par les magistrats qui ont été inscrits au tableau par une commission de classement composée du premier président et du procureur général près la Cour de cassation, de quatre conseillers à la même Cour désignés par décret, et des directeurs au ministère de la justice ; on ne peut avancer que si on est inscrit, mais on n'avance que par la volonté du gouvernement.

L'inamovibilité n'est donc qu'une indépendance négative. Telle qu'elle est, elle reste d'ailleurs précieuse, et le prestige de la justice en France a été malheureusement diminué par les suspensions d'inamovibilité prononcées par les nouveaux régimes au lendemain des révolutions. La troisième République elle-même a collaboré à cette diminution de prestige par « l'épuration » de 1883. — c) *Modicité générale des traitements*. — Les juges, qui doivent être licenciés en droit et justifier d'un stage d'avocat, sont rémunérés d'une façon très modeste. Il y a en France 2.300 juges qui touchent, pour la plupart, 3.000 francs et dont quelques-uns peuvent arriver à 6.000. — Nous entrerons dans plus de détails à propos de chaque catégorie de magistrats. — d) *Ministère public amovible*. — Auprès de chacun des organismes judiciaires, il y a, à côté des juges inamovibles qui constituent la « magistrature assise », le ministère public qui constitue la « magistrature debout ». Le ministère public est chargé de veiller à l'application de la loi, et même, dans une mesure délicate à définir, il est, devant les tribunaux, l'organe des prétentions gouvernementales ; les membres du ministère public n'ont aucune garantie autre que celle qui résulte de la loi de finances de 1905 (communication du dossier). Ils sont

donc révocables à volonté. Le ministère public est hié-
rarchisé : auprès de chaque Cour d'appel, il y a un *Procureur général* assisté d'avocats généraux et de substituts
qui exerce son autorité sur les *Procureurs de la République*, assistés de substituts, qui siègent auprès de chaque
tribunal d'arrondissement. — Un organisme judiciaire ne
fonctionne jamais hors la présence d'un membre du ministère public. Les agents du ministère public sont obligés
par les règles hiérarchiques à accomplir les actes de procédure qui leur sont ordonnés par leurs supérieurs, mais
ils ne sont pas contraints de parler contre leur conscience : « L'écriture est serve, mais la parole est libre ».

c) *Caractère archaïque de la procédure civile* — La procédure devant les tribunaux civils est compliquée,
lente, coûteuse, archaïque. La démocratie a conservé
les règles du Code napoléonien de 1806, lequel n'avait
fait que reproduire les dispositions des ordonnances par
lesquelles Colbert, Pussort et Lamoignon avaient essayé
d'unifier les styles des divers parlements, et nous possé-
dons encore cette procédure, jugée par ce passage de
l'illustre Montesquieu : « Quant à mon métier de président, j'ai le cœur très droit ; je comprends assez les
questions en elles-mêmes ; mais quant à la procédure,
je n'y entendais rien. Je m'y suis pourtant appliqué ».
— Le trait principal de cette procédure, c'est qu'elle est
accusatoire : elle avance sans le concours du juge. L'affaire
est mise en état par les soins d'officiers ministériels, par
lesquels les parties doivent obligatoirement se faire représenter : les *avoués* échangent, par le coûteux intermédiaire des *huissiers*, de coûteuses écritures dont plusieurs
sont l'objet de coûteux enregistrements au profit du
trésor. Impassible sur son siège, le juge attend que la
vérité sorte de cette circulation de papiers qui se fait

tout entière en dehors de lui ; et surtout il attend que les *avocats*, qui ont le privilège de parler devant lui, lui exposent oralement à l'audience les prétentions opposées des parties. Le juge n'a aucune initiative ; il lit les écritures des avoués, il entend les explications des avocats ; il ne voit pas les parties ; il peut gravement trancher, pendant des années, toute une série de litiges où figurent des personnages imaginaires, créés par la fantaisie d'escrocs ingénieux. — L'écueil des réformes en pareilles matières, c'est qu'elles intéressent tout le monde, mais qu'elles ne peuvent être réalisées qu'avec le concours des techniciens. Or ceux-ci, soit par habitude, soit par un sentiment égoïste de leurs intérêts professionnels, ont une tendance à considérer comme intangibles la plupart des règles existantes.

Le tribunal d'arrondissement, juge de droit commun. — Si aucun texte spécial ne formule une règle spéciale de compétence, les litiges doivent être portés en principe devant le tribunal qui siège au chef-lieu de chaque arrondissement (V. *supra*).

Ce tribunal statue en dernier ressort pour les actions personnelles jusqu'à 1.500 francs et pour les actions immobilières lorsque le revenu de l'immeuble n'excède pas 60 francs, A charge d'appel devant la Cour, il juge de toutes les autres affaires. — Il est lui-même juge d'appel des décisions des juges de paix et des conseils de prud'hommes (V. *supra*).

Le tribunal ne peut fonctionner qu'avec trois juges, un président et deux assesseurs ; dans les arrondissements importants, on crée plusieurs chambres. — Le Président du tribunal a des attributions extrêmement importantes ; il est juge des référés, c'est-à-dire que, en cas d'urgence, il peut prescrire seul, par ordonnance,

les mesures nécessaires ; il peut ordonner l'emprisonnement des enfants sur la demande des pères de famille :
il doit s'efforcer de concilier les époux, qui doivent
comparaître en personne devant lui, au début de la
procédure de séparation de corps ou de divorce, etc.

Le tribunal de la Seine forme une classe à part ; le
président touche un traitement de 20.000 francs et les
juges un traitement de 8.000 francs. Les tribunaux de
province sont répartis en trois classes : les présidents et
procureurs touchent de 5.000 à 10.000 francs et les
juges de 3.000 à 6.000 francs ; les substituts de 2.800
à 5.000 francs.

Il y a trois cent cinquante-neuf tribunaux. Ils étaient
peut-être nécessaires lorsqu'ils ont été créés parce qu'il
faut mettre la justice *près du justiciable*. Mais depuis
« les chemins de fer ont raccourci les distances. » Il y
a des tribunaux dont les magistrats peu rémunérés le
sont cependant encore trop par rapport à leur « rendement », au travail qu'ils ont à fournir. Tout le monde
est d'accord sur la nécessité de supprimer un certain
nombre de tribunaux : chaque député d'arrondissement
se dresse avec indignation contre l'idée que son fief électoral serait privé de son tribunal et les députés non
menacés de pareil sacrifice l'appuient par solidarité. La
Chambre a voté le principe de la réduction du nombre
des tribunaux (budget de 1890) ; elle a repoussé deux fois,
en 1880 et en 1894, des tentatives de réalisation de ce
principe. La réforme nécessaire de la magistrature paraît
cependant liée à la suppression d'un certain nombre de
nos deux mille trois cents sièges de juges.

La Cour d'appel. — a) *Principe des deux degrés de
juridiction.* — Toute affaire doit pouvoir en principe, si
les parties le désirent, être soumise à deux juridictions.

C'est le principe posé par la Révolution : deux degrés de juridiction, comme garantie de bon examen de l'affaire ; pas plus de deux degrés, pour éviter des complications et des frais exagérés. Par haine de la hiérarchie et avoir pour éviter la résurrection des anciens parlements, la Révolution avait décidé que tous les tribunaux seraient égaux, qu'il n'y aurait pas de juridiction spéciale d'appel, et que l'appel serait porté d'un tribunal à un autre tribunal de même ordre. Le Consulat créa des *tribunaux* spéciaux d'appel, que l'Empire appela des Cours et qui sont composées de magistrats supérieurs en hiérarchie à ceux des tribunaux de première instance.

b) *Organisation de la Cour d'appel.* — Il y a vingt-sept cours d'appel, une pour la Corse, une pour l'Algérie, 25 pour le territoire continental. Chaque cour, sauf celle de Bastia, comprend donc, dans son *ressort*, plusieurs départements en nombre variable : sept par exemple pour la Cour de Paris. — Chaque cour comprend un premier président, des présidents de chambre, des conseillers : plus un ministère public composé du procureur général assisté d'avocats généraux et de substituts. Il n'y a que deux classes de cour d'appel : Paris et la province. A Paris, le premier président et le procureur général touchent 25.000 francs ; les conseillers 11.000. En province, les premiers présidents et procureurs généraux ont un traitement de 18.000 francs, les avocats généraux, de 8.000 ; les conseillers, de 7.000, les substituts du procureur général, de 6.000. Le rêve des magistrats de première instance est de revêtir la robe rouge avec ce traitement de 7.000 : il y a beaucoup d'appelés, un tiers seulement d'élus.

c) *Parallélisme de la procédure en appel et en première*

instance. — La procédure devant la Cour d'appel est symétrique de la procédure en première instance : le juge attend que la lumière soit faite par le soin d'avoués qui ne se distinguent des autres qu'en ce qu'ils n'exercent que devant la Cour d'appel ; ils échangent de nouvelles écritures coûteuses, et la Cour n'est éclairée que par la plaidoirie de l'avocat auquel il faut verser de nouveaux honoraires. — La Cour d'appel ne peut fonctionner que si cinq conseillers sont présents ; c'est beaucoup ; c'est trop : en fait, quand une juridiction est si nombreuse la présence d'un certain nombre de magistrats devient purement matérielle.

La Cour de Cassation. — a) *Principe de la cassation.* — Au sommet de la hiérarchie judiciaire siège la Cour de cassation. Sa mission est de veiller au respect de la loi dans toute la France et à l'unité d'interprétation de la loi sur l'ensemble du territoire : elle est donc, à son origine, un organe d'unification. — Elle n'a pas à examiner les questions de fait ; elle doit accepter les constatations faites souverainement par les juridictions qui lui sont subordonnées : elle se borne à apprécier la conformité de la décision qui lui est soumise avec la loi. Elle juge seulement en droit. — D'autre part, la Cour de cassation ne substitue jamais sa décision à celle de la juridiction qui lui est subordonnée : si elle *casse* une décision, cette décision se trouve annulée ; mais la Cour renvoie, par décision nouvelle, devant une autre juridiction du même ordre que celle qui a rendu la décision cassée.

b) *Organisation de la Cour de cassation.* — Il y a une seule Cour de cassation pour toute la France : cette unité est nécessaire, puisque cette juridiction a précisément pour objet d'assurer l'unité de jurisprudence.

Elle comprend un premier président, trois présidents de chambre, quarante-cinq conseillers ; un procureur général et six avocats généraux. Le premier président et le procureur général touchent un traitement de 30.000 francs ; les conseillers et les avocats généraux 18.000 francs. — Un siège à la Cour de cassation est le très lointain sommet auquel aspirent toutes les ambitions de la magistrature : ce sont en général les premiers présidents et les procureurs généraux de province qui obtiennent cet honneur. On remarquera cependant qu'ils vont à Paris où la vie est infiniment plus chère, avec le même traitement qu'ils avaient en province : la compensation est que la limite d'âge pour la Cour de cassation est repoussée de 70 à 75 ans. Si donc, comme le porte le dernier projet gouvernemental de réforme de la magistrature, l'âge était abaissé à 70 ans, le recrutement de notre cour suprême deviendrait difficile. 18.000 francs, la somme des honoraires d'un bâtonnier près d'un petit barreau de province, voilà ce que notre démocratie offre comme plus haut espoir pécuniaire à une très étroite élite de notre magistrature. En Angleterre, l'attorney général touche 400.000 francs environ ; aux États-Unis, les membres de la Cour Suprême ont un traitement de 70.000 francs ; à l'âge de 70 ans ou après dix ans d'exercice, ils ont la faculté (dont ils n'usent pas) de se retirer en conservant l'intégralité de ce traitement.

c) *Procédure devant la Cour de cassation.* — Cette procédure est comme le symbole de la continuité, à travers les révolutions politiques, des institutions de la société française. On sait que la procédure devant les tribunaux et les cours d'appel est encore soumise aujourd'hui aux règles posées par Colbert, Pussort et Lamoignon : mais au moins, ces règles ont-elles été ormulées à nouveau dans le Code napoléonien ; quant à la procédure devant la Cour de cassation, aux ouvertures à cassation, il faut encore aujourd'hui recourir directement à l'ordonnance par laquelle Louis XV réglementa la procédure devant le Conseil des parties. — Elle se caractérise par trois traits : 1° Elle est essentiellement écrite. Les parties soumettent à la Cour des mémoires ampliatifs qui exposent en détail tous les moyens d'admission ou de rejet du pourvoi : les plaidoiries à l'audience ne doivent être que le bref commentaire des principaux points de ces écritures. L'affaire est examinée par un conseiller rapporteur qui doit présenter un rapport écrit dont il donne lecture et présenter un projet d'arrêt. 2° Toute la procédure est menée par un des soixante avocats au Conseil d'Etat et à la Cour de cassation, personnages qui cumulent la double qualité d'avocat et d'avoué. Officiers ministériels, ils achètent leurs charges, mais ne sont pas soumis à un tarif pour leurs honoraires qu'ils apprécient d'accord avec le client. 3° Cette procédure se caractérise enfin par le double examen de la Chambre des requêtes et de la Chambre civile. Le particulier qui soumet une décision au contrôle de la Cour de cassation n'entraîne pas tout d'abord son adversaire devant la haute juridiction. Sa prétention d'obtenir la cassation de la décision qui lui est défavorable est d'abord examinée, sans que son adversaire puisse la contredire, par la Chambre des requêtes. Cette chambre n'étudie pas à fond le pourvoi, recherche seulement s'il apparaît sérieux et s'il y a quelques chances de réussir. Dans le cas de l'affirmative, le pourvoi est jugé contradictoirement par la Chambre civile. Dans l'esprit de l'institution, la Chambre des requêtes devrait se borner à un examen superficiel et arrêter à la porte les pourvois évidemment dénués de tout fondement. En fait, elle se livre à un examen approfondi et n'admet que les pourvois qu'elle estime sérieux : la Chambre civile rejette un pourvoi sur trois qui passent à travers ce crible.

La Cour de cassation n'est pas seulement la haute juridiction qui veille à l'observation de la loi par toutes les juridictions de l'ordre judiciaire. Elle est encore le conseil supérieur de la magistrature : c'est elle qui prononce contre les magistrats inamovibles les peines disciplinaires qui peuvent aller jusqu'à la déchéance.

Les lois de la Révolution, non abrogées sur ce point, lui ont encore conféré une attribution des plus importantes : elle doit faire profiter le législateur de son expérience, en lui adressant chaque année l'exposé des défectuosités que la pratique a fait apparaître dans les lois. En fait, les excellentes dispositions restent absolument à l'état de lettre morte.

II. — LA JUSTICE RÉPRESSIVE. — La Révolution avait établi deux catégories de juges, les uns avec mission exclusive de trancher les contestations entre citoyens, les autres avec l'unique fonction de prononcer des peines contre les délinquants. Aujourd'hui, sauf la seule addition du jury pour les crimes, ce sont les mêmes juges qui tantôt exercent la justice civile, tantôt la justice répressive. — Le Code pénal classe les infractions en trois catégories d'après la nature et la gravité des peines prononcées contre elles : les contraventions, frappées de peines de simple police ; les délits, frappés de peines correctionnelles ; les crimes, frappés de peines criminelles. — Chacune de ces catégories d'infractions est attribuée à une juridiction déterminée. Les contraventions sont les infractions punies de cinq jours de prison au plus et de 15 francs d'amende au maximum ; au delà de ces chiffres, les infractions sont qualifiées de délits.

La masse innombrable des contraventions, qui est faite principalement des violations des règlements de police des préfets et des maires, est déférée au *tribunal de simple police*. C'est le juge de paix qui prend ce titre important lorsqu'il siège comme juge répressif. Cette mission nouvelle fait encore ressortir l'importance du juge cantonal, comme organe de l'ordre public dans son ressort. Le juge de paix ne statue qu'à charge d'appel, toutes les fois qu'il y a emprisonnement ou que les amendes, restitutions ou réparations, non compris les dépens, dépassent cinq francs. Sans qu'on puisse en donner une bonne raison, les contraventions de grande voirie sont portées devant le Conseil de Préfecture.

Les délits sont déférés au *tribunal correctionnel* : c'est le tribunal civil de l'arrondissement qui prend ce nom pour devenir juridiction répressive. — Appel peut être porté de ses décisions devant la Chambre des appels correctionnels de la Cour d'appel.

Enfin les infractions les plus graves ou crimes sont déférées à la *Cour d'assises*. C'est une juridiction spéciale, qui a son siège au chef-lieu de chaque département, qui n'a pas une composition permanente, et dont les membres sont désignés pour chaque session. Elle comprend trois juges professionnels qui constituent, à strictement parler, la Cour, et douze citoyens qui forment le jury. Le président de la Cour d'assises est un conseiller à la Cour d'appel désigné par le ministre sur présentation du procureur général ; les deux assesseurs sont, soit des conseillers à la Cour d'appel, ce qui a lieu souvent pour les Assises qui se tiennent au siège d'une cour d'appel, soit deux membres du tribunal du chef-lieu. — Le jury doit se borner à constater les faits sans se préoccuper des conséquences juridiques de sa déclaration ; la Cour tire les conséquences juridiques de la constatation faite par le jury.

Le principe du jugement des crimes par le jury apparaît comme un dogme intangible, on serait presque tenté de dire, comme une superstition. En fait, cette institution aboutit souvent aux résultats les plus aburissants : composé en majorité de petits bourgeois, le jury montre une sévérité souvent extrême pour les attentats aux biens et souvent une indulgence surprenante pour les attentats contre les personnes. Il est inutile de dire qu'il se préoccupe presque toujours des conséquences juridiques de sa déclaration : il en résulte l'impunité pour les crimes dont la pénalité lui apparaît trop forte : crimes dits passionnels, infanticide, incendie volontaire. Aussi, pour obtenir une justice moins saugrenue, les parquets « correctionnalisent-ils » le plus de crimes qu'ils peuvent : ils saisissent le tribunal correctionnel quand la Cour d'assises serait compétente. Dans les procès dits politiques, notamment dans les procès en diffamation, il vaudrait autant, en bien des cas, faire dépendre la justice d'un coup de dés que de la décision du jury.

La Cour d'assises statue définitivement, sans appel possible.

En Angleterre, un militaire est un citoyen comme les autres, soumis aux mêmes lois et justiciable des mêmes tribunaux. En France a triomphé une conception différente : le soldat est retranché de la vie civique comme, au Moyen Age, les clercs, et toutes les infractions qu'il commet pendant son séjour sous les drapeaux sont justiciables des juridictions militaires ou conseils de guerre. Après la guerre, on aura à se demander si la discipline exige vraiment que toutes les infractions, même étrangères au service, commises par les militaires, — soient portées devant ces juridictions professionnelles, et si la compétence de ces dernières ne doit pas être réduite aux fautes disciplinaires.

Toutes les décisions rendues par ces juridictions en dernier ressort (au point de vue des constatations définitives *de fait*) sont susceptibles (au point de vue de l'application de la loi) d'un pourvoi devant la Cour de Cassation (chambre criminelle) qui apparaît bien ainsi comme dominant l'ensemble de l'ordre judiciaire.

La réforme judiciaire. — La réforme judiciaire est perpétuellement à l'ordre du jour devant les Chambres et devant l'opinion : Elle devra s'opérer suivant les lignes directrices suivantes : 1° Assurer aux magistrats des *traitements* conformes à la nécessité et à la dignité de leur vie. Napoléon leur avait accordé seulement des *indemnités* espérant qu'il se constituerait, dans la bourgeoisie aisée, des familles judiciaires où se recruteraient les magistrats. Cette conception, qui a eu sa valeur historique, ne peut être celle d'une démocratie. La réforme est liée à la suppression de quelques-uns des organismes (tribunaux de première instance) ou des postes (conseillers de cour d'appel, substituts de première instance...) qui ne donnent pas un rendement suffisant. 2° Diminuer la subordination de la justice à l'égard du pouvoir gouvernemental. Il faut compléter le statut du personnel judiciaire par des règles meilleures sur la nomination et l'avancement. Il faut refondre les règles sur la poursuite et sur l'organisation du ministère public. Le ministère public qui a le privilège de la poursuite, en droit devant la Cour d'assises, en fait, devant le tribunal

correctionnel est révocable à volonté par le gouvernement qui peut lui donner des ordres. — Le juge d'instruction, chargé de recueillir les preuves, reçoit « l'instruction » par la volonté gouvernementale et n'est pas,
à ce titre, inamovible : il peut se voir retirer l'instruction, et être réduit à son siège. — 3° Enfin, l'opinion
réclame, en même temps que des garanties contre le
gouvernement au profit du ministère public et du juge
d'instruction, des garanties contre le ministère public et
le juge d'instruction au profit des justiciables. — Toutefois, il est nécessaire de dire que, dans le cours ordinaire des choses, quand la politique n'y est pas intéressée, notre administration judiciaire fonctionne de
façon satisfaisante. Notre magistrature est instruite et
dévouée. Il n'y en a, dans aucun pays, de plus
honnête.

II

LA JURIDICTION ADMINISTRATIVE

**Injustifiable dans son principe, la juridiction admi-
nistrative a été, en fait, un instrument précieux de progrès juridique.** — a) *Le principe de la séparation des
autorités.* — Le droit anglais s'enorgueillit de son respect des principes et de son caractère, pour ainsi dire,
rectiligne : il n'y a qu'une seule catégorie de juges
chargés de trancher les contestations entre particuliers,
aussi bien que les litiges entre ces particuliers d'une
part et l'administration d'autre part. Si l'administration veut des juges à elle, c'est, dit-on, qu'elle ne veut
pas la justice toute simple, qu'elle refuse de se soumettre

intégralement au droit. — Au contraire, l'évolution historique du droit français a abouti à l'institution, dans notre pays, de juges ayant pour compétence spéciale la solution des litiges dans lesquels l'administration est intéressée. Cette institution n'est pas sortie des principes abstraits : elle est née spontanément sous la pression des faits. Pour accomplir son œuvre formidable, la Révolution devait multiplier les attentats contre les biens et contre les personnes; il ne fallait pas que l'activité de ses agents pût être ralentie par l'incommode contrôle des juges ; c'est pourquoi elle fulmina contre eux des prohibitions célèbres : défenses sont faites aux juges, sous peine de forfaiture, de connaître des actes de l'administration ; défenses itératives sont faites aux juges de traduire devant eux les administrateurs à raison de leurs fonctions. Telle est l'origine tragique de ce principe de la *séparation des autorités* (administrative et judiciaire), qui apparaît trop souvent, dans les manuels de droit administratif, comme une lave singulièrement refroidie. Dans le droit révolutionnaire, c'est l'administration elle-même (administration de district, de département, roi comme chef de l'administration générale) qui reçoit les réclamations soulevées par l'exercice de l'autorité et le fonctionnement des services publics.

b) *Le principe de la séparation de la juridiction administrative d'avec l'administration délibérante et active.* — Ce principe constituait un instrument trop commode de gouvernement pour que Napoléon y renonçât. Il fallait que, sur tout le territoire centralisé de la France, la volonté du maître unique se fît sentir partout, instantanément, sans obstacle ; il fallait éviter que la crainte des procès paralysât l'obéissance des agents de cette volonté. Mais, en maintenant ce principe, Napoléon fait comme des autres principes que lui transmet la Révolution : il le perfectionne et l'organise. Il était scandaleux que les mêmes administrateurs qui avaient accompli l'acte fussent appelés à juger les réclamations qu'il soulevait. Napoléon y met ordre en créant de nouvelles *séparations*. Ce système nouveau, précisé et complété, par une série de mesures qui s'échelonnent tout au long du xixe siècle, aboutit à distinguer trois catégories d'administrations : 1° l'administration *active* qui veille au fonctionnement quotidien des services publics et qui est en général incarnée par des autorités individuelles : Chef de l'Etat, préfet, maire. « Administrer est le fait d'un seul ». 2° L'administration *délibérante*, qui prend des décisions qu'elle n'exécute pas elle-même, et dont l'exécution est confiée à l'administration active. L'administration délibérante est exercée par des assemblées (Conseil général, conseil municipal). « Délibérer est le fait de plusieurs ». 3° Enfin l'administration *consultative* dont le rôle se borne à émettre des avis (Conseil d'Etat, conseil de préfecture). Le progrès réalisé en l'an VIII a consisté en ce que la fonction juridictionnelle a été séparée de l'administration active et de l'administration délibérante pour être confiée exclusivement à l'administration consultative.

c) *Principe de la justice déléguée.* — Le Conseil d'Etat de l'an VIII était sous la dépendance de Napoléon, mais il prenait lui-même des décisions : il était une autorité constitutionnelle. Il perdit ce caractère avec la Restauration pour ne plus rester qu'un corps consultatif. Les procès administratifs étaient tranchés par des actes du chef de l'Etat (ordonnances sous la monarchie, décrets sous les autres régimes) en son Conseil. Sans doute, dans la presque unanimité des affaires contentieuses, le chef de l'Etat se bornait à donner force exécutoire à l'avis de son Conseil ; on citait toutefois deux cas où il avait pris une décision propre, en contradiction avec les conclusions auxquelles avait abouti un examen impartial de l'affaire. Cette possibilité, que légitimait le principe que la justice administrative était encore une justice retenue, laissait planer un doute grave sur l'existence de rapports véritablement juridiques entre les particuliers et l'administration. Aussi la loi du 11 août 1872 a-t-elle *délégué* la justice au Conseil d'Etat. Depuis cette date, cette assemblée possède un pouvoir propre de décision en matière contentieuse : elle rend des *arrêts*.

L'idée qui est à la base de la juridiction administrative est donc incontestablement une préoccupation de privilège au profit de l'administration. En fait, le résultat final a été complètement différent. Si l'on s'abstrait de toute idée préconçue, on est obligé de reconnaître que les pays qui n'ont pas de *juridiction* administrative ont aussi assez peu de *justice* administrative. Les juges ordinaires sont assez timides dans l'exercice d'un contrôle qui prendrait trop facilement l'allure d'un empiètement, d'une usurpation ; au contraire, la juridiction administrative, étant dans l'administration, se trouve beaucoup plus hardie pour la contraindre au respect des règles juridiques. En fait, il n'y a d'organisation véritablement pratique de la responsabilité des administrations publiques que dans les pays qui possèdent une juridiction administrative. Mais surtout, dans aucun pays autant qu'en France, les actes d'autorité ne sont soumis à un contrôle de légalité, que notre Conseil d'Etat pousse, par le détournement de pouvoir, jusqu'à l'examen de l'intention des administrateurs. En fait le conseil d'Etat est le grand protecteur, contre l'administration des droits, de la propriété, de la liberté des individus.

Le Conseil d'Etat, centre et principal organe de la justice administrative, protecteur des libertés individuelles. — De même que tout l'ordre judiciaire aboutit à la Cour de cassation, toute la juridiction administrative est dominée par le Conseil d'Etat : mais c'est là que doit s'arrêter la comparaison entre ces deux autorités. Si, en effet, le conseil d'Etat est exceptionnellement juge de cassation, il est aussi juge d'appel ; il est surtout le juge de droit commun, en première instance, pour les matières administratives.

a) *Le conseil d'Etat juge de cassation pour les juridictions administratives à compétence limitée.* — Il y a des juridictions administratives dont la compétence est limitée à une catégorie d'affaires strictement déterminée : c'est par exemple le cas des Conseils de révision pour le recrutement de l'armée, c'est le cas de la Cour des Comptes. Ces juridictions rendent des décisions souveraines sur le fait, mais qui sont subordonnées au contrôle de légalité par le Conseil d'Etat. — *La Cour des Comptes* est une institution créée en 1808 avec la mission d'apurer les comptes des comptables c'est-à-dire des fonctionnaires qui ont le maniement matériel des deniers publics. Elle comprend un premier président et un procureur général avec un traitement de 30.000 francs ; trois présidents de chambre, avec des traitements de 25.000 francs ; un avocat général et des Conseillers maîtres avec un traitement de 18.000 francs ; des conseillers référendaires rémunérés par une combinaison de traitement fixe, de récompenses et de préciput ; enfin, des auditeurs, nommés au concours. — Les conseillers sont inamovibles ; ils portent la robe, insigne de la magistrature. La Cour se considère comme un organisme judiciaire. Ces juges inamovibles sont cependant soumis au contrôle de légalité des Conseils d'Etat dont les membres ne sont pas inamovibles et sont moins rémunérés. Du moment qu'il n'y a qu'une seul Cour des Comptes, lorsqu'un de ses arrêts est cassé, c'est devant elle-même que revient l'affaire. — En dehors de sa fonction juridictionnelle sur les comptes, la Cour exerce une importante fonction de politique financière : elle est l'auxiliaire du Parlement dans la préparation de la loi des comptes, acte solennel par lequel le Parlement affirme que le gouvernement a bien exécuté le budget comme il avait été voté, qui en réalité est adopté par le Parlement de la démocratie (il en était différemment sous la Monarchie de Juillet) au milieu de l'indifférence générale. — Chaque année, la Cour adresse au Président de la République un rapport sur les pratiques financières. Ce document est de première importance et particulièrement instructif : la répétition périodique de critiques analogues prouve d'ailleurs que la valeur scientifique de ce document est plus grande que son efficacité pratique.

b) *Le Conseil d'Etat, juge d'appel des conseils de préfecture*. — Dans chacun des départements, il y a un conseil de préfecture, qui forme le conseil administratif du préfet. — Des deux cent soixante et onze conseillers de préfecture, huit, à Paris, touchent 10.000 francs ; trente-trois ont 4.000 francs ; quatre-vingt-seize reçoivent 3.000 francs ; enfin, cent vingt-neuf doivent se contenter de 2.000. Ce sont donc des fonctionnaires très peu rémunérés. Un moment, sous le Second Empire, les conseils de préfecture purent être considérés comme une sorte de pépinière de futurs administrateurs ; le passage dans ces corps était regardé comme un stage d'où on pouvait sortir dans une sous-préfecture. Bien imprudent serait aujourd'hui celui qui se livrerait à pareil calcul : les conseils de préfecture sont devenus des *in pace* à la porte desquels il faut laisser toute espérance. Les conseillers de préfecture sont sans avenir, touchent un traitement de tout petit travailleur manuel et sont tenus de faire figure de bourgeois.

Ce conseil est, en principe, présidé par le préfet, c'est-à-dire par celui des fonctionnaires qui est le plus directement soumis à l'action gouvernementale. Cependant, depuis la loi du 21 juin 1865 qui a créé un vice-président du conseil de préfecture, c'est ce fonctionnaire qui en fait préside ce corps lorsqu'il agit comme juridiction. La fonction de ministère public est confiée au secrétaire général de la préfecture qui prend, dans ce cas, le nom de « commissaire du gouvernement ».

La compétence du Conseil de préfecture est d'attribution, il ne connaît que des affaires qui lui sont expressément attribuées par des textes, dont le plus important est la loi du 28 pluviôse de l'an VIII. C'est cependant une erreur très répandue qu'il serait juge de droit commun en première instance, et le Conseil d'Etat juge d'appel. C'est un parallélisme inexact avec les tribunaux d'arrondissement. — Le Conseil de préfecture juge *toujours en première instance* et *toujours à charge d'appel*, quel que soit le chiffre de la demande, car on considère l'intérêt public engagé dans toute instance administrative. Mais il ne connaît pas d'une affaire, même administrative par sa nature, si elle n'appartient pas à une catégorie qui lui est expressément déférée par la loi.

Les statistiques officielles indiquent que les conseils de préfecture jugent trois cent mille affaires par an. Et voilà un chiffre fort impressionnant au premier abord : il le devient moins dès qu'on analyse : la presque totalité de ces affaires (295.000 environ) est constituée de réclamations en matière de contributions directes : or ces réclamations sont d'abord adressées à l'administration elle-même des contributions directes, et dans ces conditions, le jugement du Conseil de préfecture se réduit à une homologation plus ou moins passive de la solution administrative. D'ailleurs, sur ces 295.000 réclamants, 6.000 à peine soutiennent ou font soutenir leurs prétentions à l'audience. Restent, par conséquent, cinq mille affaires, desquelles il faut déduire deux mille contraventions de grande voirie ; ce n'est pas en effet une des moindres anomalies de cette juridiction que son rôle répressif : elle est juge de toutes les contraventions commises sur les grandes routes, les rivages de la mer et des fleuves, les ports, etc. Les juristes s'indignent qu'une juridiction présentant si peu de garanties soit investie du droit de prononcer des peines. D'autres s'étonnent que, pour condamner à cinq francs d'amende le charretier qui a attelé deux chevaux et quatre bœufs alors que les règlements lui permettent un maximum de cinq chevaux, il soit nécessaire de mobiliser trois conseillers de préfecture sans parler du commissaire du gouvernement et de l'appel au Conseil d'Etat. — Habitués à s'occuper d'affaires de petit intérêt, les Conseils de préfecture sont saisis de temps en temps d'affaires pécuniairement importantes : ce sont toutes celles qui concernent les travaux publics. — Enfin ils jugent un certain nombre d'élections, notamment les élections au conseil d'arrondissement et les élections municipales : si on se rappelle que les conseillers de préfecture sont sous l'influence directe du préfet, on jugera de l'autorité de leurs décisions en ces matières.

Depuis le 14 juin 1872 jusqu'au 22 juin 1907, divers gouvernements ont déposé sept projets de suppression ou tout au moins de transformation des Conseils de préfecture. Il est probable que ces organes seront supprimés comme organes départementaux, pour devenir des organes de la future région : ces nouvelles juridictions seront donc moins nombreuses, leurs membres seront mieux rémunérés ; elles auront plus d'autorité.

c) *Le Conseil d'Etat, juge de droit commun en première instance*. — Toutes les fois qu'un service public de l'Etat, des départements et des communes est intéressé dans une réclamation, celle-ci, à moins de texte contraire, doit être portée, en première et dernière instance, devant le Conseil d'Etat.

Ce grand corps, dont on connaît le rôle important comme conseiller du Gouvernement et du Parlement, est adapté, dans sa disposition intérieure, à sa mission juridictionnelle : il a une section ordinaire du contentieux et une section spéciale du contentieux, qui se divisent en sous-sections ; une assemblée publique du contentieux, etc. Cet aménagement interne est en voie de transformation ; il n'intéresse d'ailleurs que peu le public, les décisions étant toujours censées émaner du Conseil d'Etat.

Si l'on cherchait les causes de cette hardiesse du Conseil d'Etat qui a transformé cet instrument d'autorité en organe de liberté, il faudrait peut-être souligner la place très importante qui, dans ce corps vénérable, est laissée à la jeunesse. La Cour de Cassation est comme le Conseil des Anciens de la magistrature ; on y est jeune, parmi les magistrats assis ou debout, lorsqu'on n'a que de quelques années dépassé la cinquantaine. Elle n'entend jamais la voix de la jeunesse. Au contraire, le Conseil d'Etat, grâce au concours de l'auditorat, reçoit sans cesse un afflux nouveau de sang jeune. Les auditeurs, les maîtres des requêtes présentent des rapports, écoutés sans cet esprit de hiérarchie bureaucratique qui sévit dans lés administrations. Les huit commissaires du gouvernement « représentent la maturité avant qu'elle touche à la vieillesse » : ce sont des maîtres des requêtes, désignés (avec une indemnité supplémentaire de 2.000 francs) pour remplir les fonctions du ministère public lorsque le Conseil statue au contentieux. Ils sont égaux entre eux, et n'ont pas de supérieur hiérarchique, correspondant au procureur général. Cette absence de hiérarchie favorise l'individualité de la pensée, du travail, de l'initiative. Si on y joint que, sortis non obligatoirement mais ordinairement du concours, ils présentent des garanties de valeur personnelle, on comprend l'influence tout à fait exceptionnelle qu'ils ont exercée sur la jurisprudence administrative.

Le Conseil d'Etat astreint l'Etat à être honnête homme : — Tout l'esprit de cette jurisprudence est formulé dans cette parole d'un célèbre président de section : « *L'Etat est honnête homme* ». Comme un honnête homme, il doit se soumettre au droit. Le Conseil d'Etat est l'instrument de cette soumission. Cette préoccupation apparaît dans l'arrêt dit du chasseur de vipères, 6 février 1903 : Un conseil général promet une prime de 0 fr. 25 par vipère détruite et ouvre à cet effet un crédit de 200 francs. Ce crédit étant épuisé, des chasseurs de vipères réclament la prime pour 2.473 serpents. Le préfet refuse. Le Conseil d'Etat condamne le département à payer : le vote du Conseil général était une offre, une pollicitation, comme l'étiquette mise sur un objet dans un magasin. L'Etat et ses démembrements sont des justiciables comme les autres.

Le Conseil d'Etat et la responsabilité de la puissance publique. — Comme un simple particulier, l'Etat doit payer les dommages qu'il cause. Et c'est de ce principe qu'est sortie la grande théorie, essentiellement française, *de la responsabilité de la puissance publique.* Elle est l'œuvre de quelques commissaires du gouvernement, d'une valeur et d'une énergie exceptionnelles : Romieu, Tardieu, Teissier. Elle sort de la logique démocratique : tous les citoyens sont égaux devant les charges publiques ; si l'un souffre plus que les autres du fonctionnement des services publics ou bien de l'exercice de l'autorité, cette égalité est violée ; il faut la rétablir par une indemnité. Et d'autre part, la responsabilité développe la démocratie, parce qu'elle permet aux citoyens de discuter judiciairement les actes de l'autorité : si la police avait pris des précautions convenables, cette baraque de tir n'aurait pas causé ces accidents dans cette foire, ces arènes ne se seraient pas écroulées sous le poids des spectateurs ; si la police sanitaire avait fait son devoir, ces empoisonnements ne se seraient pas produits, etc. Ainsi les citoyens sont incités à surveiller, à contrôler le fonctionnement des services publics.

Le Conseil d'Etat, surveillant général de la légalité dans l'administration par le recours pour excès de pouvoir. — Mais l'instrument le plus énergique de ce contrôle, celui qui constitue une des institutions les plus originales du droit administratif français, c'est le *recours pour excès de pouvoir.* Toute personne (physique ou morale, française ou étrangère) lésée dans ses intérêts par une décision administrative illégale, peut en demander l'annulation au Conseil d'Etat. — Les actes du seul Parlement échappent à ce contrôle : toutes les autres autorités y sont soumises, pourvu qu'elles détiennent à un degré quelconque le droit d'émettre des ordres exécutoires : ces ordres sont annulables, quelle que soit leur nature, quelqu'élevé que soit leur rang dans la hiérarchie des actes administratifs : délibérations des Conseils généraux ou des Conseils municipaux, arrêtés du maire ou du préfet, nominations ou rétrogradations de caporaux ou sous-officiers par les commandants de régiment, décisions ministérielles, décrets du président de la République, et même règlements d'administration publique, c'est-à-dire décrets pris par le Président de la République sur l'ordre d'une loi et, avec l'avis du Conseil d'Etat lui-même. Ainsi, il n'est pas de recoin où pourrait se réfugier l'autorité publique pour échapper à la surveillance rigoureuse du Conseil d'Etat aux contentieux. — Le contrôle de légalité exercé sur ce vaste domaine est aussi approfondi qu'il est possible : l'annulation peut être prononcée pour la violation d'une règle de droit quelconque, quel que soit l'acte qui l'ait formulée (loi ou décret), quelle que soit la nature de la prescription (de fond, de compétence, de forme). Le contrôle du Conseil d'Etat pénètre même jusque dans les intentions des administrateurs, pour scruter leur conformité avec les devoirs généraux de la fonction : ainsi, un acte, régulier dans toutes ses apparences extérieures, sera tout de même annulé par le Conseil d'Etat si l'autorité qui a émis l'acte a usé de ses pouvoirs dans un but autre que celui pour lequel ils lui ont été confiés. Un préfet ordonne

la fermeture d'une fabrique d'allumettes ; il invoque
l'insalubrité, conformément à son droit ; le Conseil
d'Etat décèle que le vrai motif est de dispenser l'Etat
de payer l'indemnité prévue par la loi établissant le mo-
nopole des allumettes ; il annule l'arrêté ; — un maire
ordonne, invoquant l'insalubrité, la fermeture d'écuries
où se traitent les ventes de bestiaux ; le Conseil d'Etat
décèle que l'intention du maire est de contraindre
les vendeurs à se rendre dans l'écurie municipale récemment construite et à y acquitter les droits. D'autres
autorités exercent les droits que la loi leur confie dans
un esprit d'intérêt personnel, de passion politique ; le
Conseil d'Etat annule toutes les fois qu'il aperçoit le
détournement de pouvoir. Il n'y a pas d'autorité judiciaire qui oserait pousser ses investigations jusqu'à ce
point. — Le recours pour excès de pouvoir est l'instrument par lequel s'assure la régularité de l'administration ; l'administration a donc intérêt à le voir se
développer : il est la « soupape de sûreté » des mécontentements ; mais, la logique démocratique exige que
cette garantie soit développée au profit des citoyens ;
aussi le recours pour excès de pouvoir est-il très largement ouvert, et le Conseil d'Etat agrandit, dans toute
la mesure possible, l'accès de son prétoire. Les forma-
lités et les frais sont réduits au minimum : le requérant
dépose au secrétariat du Conseil une requête sur papier
timbré (dont le coût lui sera remboursé en cas d'admission
de sa déclaration) ; la requête est enregistrée en debet,
le requérant ne devant payer les frais que s'il succombe :
dans ce cas défavorable, les frais ne dépassent pas
80 francs.

On n'imagine pas, si on ne feuillette pas un recueil
d'arrêts, l'infinie variété des affaires déférées au Conseil

d'État par cette voie, l'arme souple, pratique qu'il constitue dans les mains des citoyens : il protège la propriété foncière contre les empiètements que serait tentée d'opérer l'administration par voie de délimitation du domaine public ; il défend la liberté du commerce contre les abus de la police sous toutes ses formes ; manié soit par les intéressés, soit par les associations de fonctionnaires, il devient une des armes principales contre le favoritisme et l'arbitraire dans les fonctions publiques de tout ordre et de tout rang : l'illustre écrivain Pierre Loti, officier de marine, est mis indûment à la retraite ; il obtient l'annulation de cette décision et reprend sa place dans les cadres avec un rang supérieur ; un caporal, camelot du roi, est cassé : il fait annuler cette dégradation pour vice de forme ; un préfet est révoqué sur de faux rapports au sujet de sa conduite pendant l'invasion : la révocation est annulée : on ne lui a pas communiqué son dossier ; — un maire anti-clérical fait la petite guerre à son curé : arrêtés sur les sonneries des cloches, sur la place du curé aux enterrements : le curé se défend par notre recours — qui apparaît aussi comme un remède aux excès à redouter des autorités décentralisées, etc., etc. Cette grande institution est presque entièrement, comme la responsabilité de la puissance publique, une création jurisprudentielle. C'est la meilleure défense de la juridiction administrative.

Tandis que les pourvois au Conseil d'État n'ont été, en moyenne, que de 1.253 pour la période écoulée de 1872 à 1877, leur nombre moyen a plus que triplé et a atteint le chiffre de 4.275 pour les années 1913 et 1914. Aussi les affaires en instance s'accumulent. La justice administrative menace de devenir aussi lente que celle des tribunaux ordinaires. Au 15 août 1917, plus de sept

mille affaires (7.125) attendaient, dans les cartons du
Palais Royal, leur tour d'être jugées. Le Conseil d'Etat
est débordé. Cette extension de son activité contentieuse
s'explique partiellement par l'impulsion que la démocratie
imprime aux attributions et aux fonctions de l'Etat ;
plus l'Etat se mêle au travail, à la production, aux
échanges, plus pullulent les litiges administratifs ; mais
la véritable raison en est dans la confiance croissante
des citoyens dans la justice ferme de notre grand tribunal administratif et dans cette conviction réfléchie que
le Conseil d'Etat est le meilleur juge contre l'Etat.

III

LE TRIBUNAL DES CONFLITS

Il y a donc deux ordres de juridictions. Des conflits
peuvent s'élever entre eux. Qui les tranchera ? C'est le
Tribunal des Conflits.

Appelé à départager l'ordre judiciaire et la juridiction administrative, ce tribunal présente dans sa composition un caractère arbitral. Il comprend : 1° le ministre de la Justice, président. 2° Trois conseillers d'Etat
élus par leurs collègues. 3° Trois conseillers à la Cour de
cassation, également élus par leurs pairs. 4° Deux
membres et deux suppléants élus par les précédents. Il
y a un ministère public composé d'un commissaire
choisi parmi les maîtres des requêtes au Conseil, d'un
second, choisi dans le parquet de la Cour de cassation,
et de deux suppléants. La présidence du ministre de la
justice enlève évidemment au tribunal son caractère ar-

bitral ; on objecte qu'il n'exerce qu'exceptionnellement cette présidence nominale : il ne l'exerce que pour vider un partage de juges. Il est à noter d'ailleurs que, dans les quatre affaires où il est intervenu depuis 1872, il a fait pencher la balance en faveur de la juridiction administrative.

La procédure du conflit présente un caractère gouvernemental ; elle protège la juridiction administrative contre les empiètements de l'ordre judiciaire, mais non point le second contre les empiètements de la première. Lorsqu'un tribunal judiciaire est saisi d'une affaire qui pourrait être de la compétence administrative, c'est le préfet qui, par un déclinatoire d'incompétence, invite le tribunal à se dessaisir, et qui le dessaisit par un arrêté de conflit au cas où son déclinatoire est rejeté. Le tribunal des conflits juge l'arrêté ; s'il le casse, la procédure reprend devant le tribunal au point où elle avait été arrêtée.

L'espèce type de la procédure de conflit est la poursuite d'un particulier contre un fonctionnaire : le préfet essaie de couvrir le fonctionnaire en faisant décider qu'il a commis non point une *faute personnelle* engageant sa propre responsabilité devant les tribunaux ordinaires, mais une simple *faute de service* engageant la responsabilité des patrimoines administratifs devant la juridiction administrative.

Le tribunal des conflits juge annuellement une demi-douzaine d'affaires.

IV

LA JUSTICE POLITIQUE

Principe de la justice politique. — Dans toutes les constitutions modernes, les crimes politiques sont enlevés à la connaissance des tribunaux ordinaires : 1° dans l'intérêt de l'Etat : il est à craindre que les tribunaux ordinaires se montrent timides et hésitants en présence d'hommes politiques encore debout et qui peut-être reprendront le pouvoir, 2° dans l'intérêt des accusés : le crime politique ne soulève pas la réprobation, il faut laisser à la juridiction, appelée à le juger, la plus large liberté d'appréciation qui n'est pas le propre des tribunaux ordinaires ; 3° dans l'intérêt des tribunaux eux-mêmes : il faut éviter de les jeter dans la mêlée des passions politiques.

C'est le Sénat qui joue le rôle de juridiction répressive politique. — Pour ce qui touche à l'organisation pratique du principe, notre constitution s'est inspirée des institutions anglaises à travers les chartes de 1814 et de 1830, c'est à la Chambre haute qu'est confié le rôle de *Haute Cour politique*. Mais tandis que, dans les démocraties anglaise et américaine, la Chambre des lords et le Sénat ne sont saisis que par une délibération de la Chambre basse, le Sénat français peut être saisi soit par la Chambre des députés pour juger les membres du gouvernement, soit par le gouvernement lui-même pour juger les auteurs de crimes politiques.

Crimes déférés à la Haute Cour. — Certains crimes sont déférés à la Haute Cour à raison de la qualité des personnes qui les commettent (*ratione personæ*), d'autres à raison de leur nature intrinsèque.

1° *Crimes déférés à la justice politique à raison de leur auteur : crimes commis par les membres du gouvernement et poursuivis par la Chambre des députés.* — a) *Haute trahison et crimes ou délits de droit commun, commis par le Président de la République.* — Pour tous les actes de sa fonction, le Président de la République est irresponsable : pour prendre une hypothèse absurde, s'il vendait une décoration, il ne pourrait être poursuivi ; mais s'il vendait le pays, il serait responsable : il y aurait Haute Trahison et, dans ce cas, ne pourrait être jugé que par le Sénat. — L'irresponsabilité ne concerne que les actes de la fonction : si, par imprudence, le Président de la République tuait un particulier, par une maladresse à la chasse ou en conduisant une automobile, il serait responsable, mais, dans ce cas, aurait un privilège du juridiction : il ne pourrait être jugé que par le Sénat. Aucun président n'a encore été mis en jugement. b) *Crimes commis par les ministres dans l'exercice de leurs fonctions.* Ces crimes ne sont pas nécessairement déférés à la Haute Cour ; ils relèvent en principe de la Cour d'Assises ; mais la Chambre des députés peut, par une résolution, déférer au Sénat le ministre qu'elle estime coupable ; un seul ministre de la Troisième République, M. Malvy, a été ainsi amené devant le Sénat et d'ailleurs condamné (6 août 1918) ; un autre ministre, qui s'était laissé corrompre par la compagnie du Panama, a été livré à la Cour d'assises (21 mars 1893). Le principe de cette compétence exceptionnelle du Sénat, posé par l'article 9 de la loi du 24 février 1875, a été mis en œuvre par la loi de procédure du 5 janvier 1918. Cette loi a, sur bien des points, rompu avec la tradition, donc avec la constitution qui s'en rapportait à la tradition : ainsi, elle a déchargé la Chambre de l'obligation de soutenir l'accusation qu'elle engage : le ministère public est un magistrat inamovible de la Cour de cassation, désigné, au début de chaque année, par ses collègues. La Chambre se réserve seulement la *faculté* de désigner des commissaires qui pourront agir *à côté* de ce magistrat ; elle s'est d'ailleurs abstenue d'user de cette faculté dans l'affaire Malvy. Ainsi tout lien peut se trouver rompu entre la Chambre accusatrice et le Sénat juge : et la première peut reprocher au second d'avoir méconnu ses intentions. — Dans son arrêt du 6 août 1918, le Sénat a proclamé sa souveraineté : il a affirmé qu'il n'est pas lié par la loi et qu'il peut punir de la peine qui lui paraît la plus juste une faute quelconque, même non prévue par la loi, et qui lui semble criminelle. Cette solution est correcte, à condition que le Sénat se tienne dans les limites de la résolution d'accusation de la Chambre, de sorte que la condamnation apparaisse comme un *acte du Parlement*, C'est la solution qui a été admise traditionnellement en France depuis la Charte de 1814, qui l'avait elle-même empruntée à la coutume anglaise. Si d'ailleurs cette règle n'existait pas, il faudrait l'inventer : sans elle, la responsabilité des ministres resterait illusoire.

2° *Crimes commis par des particuliers et poursuivis par le gouvernement.* — En second lieu la Haute Cour peut connaître des attentats contre la sûreté de l'Etat (art. 9, loi 24 février 1875 ; art. 12, loi 16 juillet 1875). Dans ce cas, la procédure est réglée par la loi 10 avril 1889. C'est un décret qui constitue le Sénat en Haute Cour de Justice ; le gouvernement désigne lui-même le ministère public, à l'occasion de chaque affaire. —

Sous la Troisième République, la Haute Cour a été convoquée trois fois à ce titre : 1° pour juger le général Boulanger et ses complices (août 1889) ; 2° pour juger Déroulède et ses complices (novembre 1899) ; 3° pour juger MM. Joseph Caillaux, Loustalot et Comby (décret du 15 octobre 1918).

Si l'attribution au Sénat de la compétence juridictionnelle répressive est peut-être à regretter, ce n'est pas que cette Assemblée soit particulièrement inapte à l'administration d'une justice impartiale. Il y est aussi propre que le jury ordinaire de Cour d'assises, et il présente sensiblement autant de garanties qu'un jury spécialement constitué. Si l'on peut critiquer cette attribution, c'est qu'elle contribue à obscurcir, par les passions de partis, le problème si grave de la dualité de Chambres : dans les premières années de la Troisième République, le parti radical avait inscrit en tête de son programme la suppression du Sénat. Mais le Sénat ayant fermé l'oreille aux ardentes suggestions d'une opinion publique pervertie, pour frapper Boulanger et ses complices, acquit, de ce chef, sinon un regain de popularité, du moins le silence momentané de ses adversaires. — Mais le même Sénat ayant aussi condamné le ministre Malvy, les partis d'extrême gauche prennent texte de cette condamnation pour reprendre leur campagne.

BIBLIOGRAPHIE. — Conseiller d'Etat Henri CHARDON, *L'Administration de la France, les fonctionnaires* (Etude remarquablement vivante de l'organisation de la justice en France).

GLASSON et TISSIER, *Procédure civile*, 1908.

GARSONNET, *Précis de procédure civile* (Ce manuel, en usage dans les Facultés de droit, en est à sa 7e édition).

GARRAUD, *Précis de droit criminel* (Manuel également en usage parmi les étudiants : 11 éditions).

LAFERRIÈRE, *Traité de la juridiction administrative et des recours contentieux*, 2° éd., 1895. Ce grand ouvrage du célèbre vice-président du Conseil d'Etat est aujourd'hui fort dépassé par la jurisprudence de cette assemblée. Georges TEISSIER, *La responsabilité de la puissance publique*, 1905. Gaston JÈZE, *Les principes généraux du droit administratif*, 2° éd., 1914 (V. aussi les traités précités d'HAURIOU et de H. BERTHÉLEMY).

JOSEPH-BARTHÉLEMY, *La responsabilité devant le Sénat du président de la République et des ministres*, 1919.

Th. MORIZOT-THIBAULT, *La politique et les magistrats*, 1914 ; *De l'action du pouvoir sur les magistrats chargés de l'instruction criminelle*, 1902.

CHAPITRE XI

LES FINANCES

Le système financier de la France est imprégné par deux côtés de l'esprit démocratique : en premier lieu, l'aménagement tout entier des finances publiques est placé sous le contrôle étroit de la représentation nationale ; en second lieu, la répartition des charges entre les citoyens est basée sur les principes de justice qui sont à la base même de l'ordre démocratique.

I

CONTROLE DE LA REPRÉSENTATION NATIONALE SUR L'AMÉNAGEMENT GÉNÉRAL DES FINANCES PUBLIQUES

Historiquement, les droits financiers ont été revendiqués par les peuples avant les droits proprement législatifs ; c'est le besoin de protéger la nation contre les exactions financières des chefs d'Etat qui a donné naissance aux Parlements.

Consentement à l'impôt. — L'impôt ne peut être

exigé des citoyens qu'avec le consentement de leurs représentants élus. C'est là un des principes les plus anciens de la liberté moderne ; il se dessinait déjà dans le régime antérieur à la Révolution ; il a été définitivement proclamé par la Déclaration des Droits : « Tous les citoyens ont le droit de constater, par eux-mêmes ou par leurs représentants, la nécessité de la contribution publique, de la consentir librement, d'en suivre l'emploi, d'en déterminer la quotité, l'assiette, le recouvrement et la durée. »

Consentement aux dépenses. Son antériorité. — Mais le Gouvernement peut-il disposer à son gré des ressources qui sont mises ainsi à sa disposition ? C'était la solution de l'ancien régime, que le pair Garnier essayait de faire revivre dans son rapport du 27 avril 1846. Mais, c'est précisément à l'époque de la Restauration, grâce aux efforts des ministres Louis et Roy que s'est fait admettre cette nouvelle conséquence du principe démocratique en matière financière : non seulement le Parlement doit autoriser les dépenses, mais encore il doit les voter avant de s'occuper des impôts ; ceux-ci ne sont, en effet, justifiés que dans la mesure des besoins de l'Etat. Le Parlement doit donc examiner ces besoins avant de consentir les sacrifices nécessaires pour y faire face.

Limitation de la liberté du Gouvernement dans la disposition des ressources qui lui sont consenties : spécialité. — Les principes précédents prennent une importance très différente suivant la manière dont ils sont appliqués. On peut imaginer que les dépenses soient votées en bloc et les recettes également en bloc : alors, en fait, le Gouvernement se trouve libre d'aménager comme il lui plaît les dépenses publiques et, par exemple, d'affecter au ministère de la Guerre des crédits qui, dans l'intention des Chambres, devaient servir à une amélioration de l'instruction publique : ainsi furent votés les premiers budgets de la Restauration. C'est le système de *l'abonnement*. — Mais la loi du 25 mars 1817 a introduit dans notre système financier le principe qui doit être celui d'un pays libre : des crédits, d'une somme déterminée, sont impérativement affectés à des catégories définies de dépenses, de telle sorte que le Gouvernement n'ait pas le droit de dépenser pour une catégorie quelconque les crédits affectés à une autre. C'est le principe de la *spécialité*. Les crédits votés pour l'infanterie ne peuvent pas être dépensés pour l'artillerie, ceux qui ont été consentis pour l'enseignement supérieur ne peuvent pas être déplacés en faveur de l'instruction primaire. Les virements sont interdits. Le progrès démocratique s'est traduit par une multiplication croissante du nombre des catégories auxquelles s'appliquent des crédits spéciaux, de façon à enfermer l'action gouvernementale dans des limites de plus en plus étroites. En 1817, les Chambres devaient voter sur 7 ministères ; en 1827, sur 52 sections ; en 1831, sur 116 chapitres ; en 1872, sur 338 ; en 1877, sur 400 ; aujourd'hui, sur plus de 1.000 chapitres (1.087 en 1900, 1.091 en 1911).

Annualité du budget. — Chaque année, le Parlement est appelé à dresser un état de prévision des dépenses et des recettes que le Gouvernement est autorisé à effectuer pour l'année suivante. Il ne peut y avoir de finances régulières et contrôlées que si toutes les dépenses, sans exception, figurent, dans ce document unique : c'est le principe de *l'unité* et de *l'universalité* budgétaire. — Et, d'autre part, ces autorisations de recettes et de dépenses ne sont consenties que pour une seule année : ce principe de l'annualité du budge s'explique par le souci d'une bonne administration financière, les prévisions ne pouvant s'étendre à l'infini dans l'avenir ; mais il s'explique surtout par une considération politique : le vote du budget est un des moyens les plus énergiques du contrôle parlementaire ; la liberté du Gouvernement se trouverait singulièrement accrue s'il obtenait des autorisations s'étendant sur plusieurs années. Le principe de l'annualité permet la pratique du refus du budget, qui est le moyen inéluctable pour les Parlements de se rendre maîtres du Gouvernement. Le principe de l'annualité, qui était inscrit dans la Constitution de 1791, ne figure pas expressément dans celle de 1875 : il est considéré comme relevant du droit constitutionnel coutumier.

Si le Parlement n'a pas achevé le budget avant le 31 décembre, il se trouve contraint, sous peine d'arrêter complètement la vie publique, de voter des budgets pour un ou plusieurs mois : c'est ce que l'on appelle les *douzièmes provisoires*. Sous la Troisième République, le budget a été voté plus de vingt fois en retard ; en 1912, le Parlement a dû voter sept douzièmes.

Apurement des comptes par les représentants de la Nation. — Le Parlement qui autorise les recettes et les dépenses doit avoir le droit de constater par lui-même si ses prescriptions ont été observées : c'est l'objet de la loi annuelle des comptes. Le principe en avait été posé par la Révolution ; les Chambres de la Restauration le firent entrer définitivement dans la pratique avec la loi du 15 mai 1818 ; elles y eurent quelque peine à raison du contrôle très puissant qu'elles semblaient pouvoir, avec ce moyen, exercer sur les ministres. Les Chambres bourgeoises de 1814 à 1848 apportèrent un soin jaloux à éplucher les comptes des ministres dans des débats approfondis où intervenaient les plus brillants orateurs et d'où sortirent la plupart des règles excellentes de notre comptabilité publique. Les Chambres démocratiques témoignent, à un bien moindre degré, de l'esprit d'ordre et d'économie : 1° Les lois de comptes sont votées au milieu de *l'indifférence générale*, souvent dans des séances du matin, et, en 1889 et en 1914 (3 avril) sans autre observation que celle d'un membre constatant que « la Chambre n'est pas en nombre » ou qu' « il est pitoyable de voir que, pour examiner cette situation, il n'y ait pas même cinquante députés en séance ». 2° Elles sont votées *par paquets* et sans débats. A un début de séance, le 25 mai 1891, le Sénat vote les règlements de trois exercices ; le 23 mars de la même année, en quelques minutes, la Chambre en vote quatre ; le 3 avril 1914, à une séance du matin, sont votées, en un tournemain et sans débats, les deux lois de règlement des exercices 1910 et 1911 qui représentaient un ensemble de dépenses effectuées de près de 9 milliards (8.860.834.350 fr. 42) ; 3° elles sont votées avec un *retard inouï* de huit, neuf, dix et même onze ans. — Nous avons là un exemple frappant d'une institution excellente et parfaitement réglementée qui ne donne aucun résultat par la faute des hommes.

II

L'ÉGALITÉ DES SACRIFICES EXIGÉS DES CITOYENS

Tous les régimes, quels qu'ils soient, se préoccupent de réaliser dans l'impôt deux qualités qui, d'ailleurs, ne sont pas absolument indépendantes l'une de l'autre : la *productivité* et la *justice*. Mais, suivant les tendances politiques dominantes, c'est l'un ou l'autre de ces deux caractères qui l'emporte. Dans un régime bourgeois, lorsque le législateur se laisse inspirer par des préoccupations financières, il demande surtout au système fiscal d'extraire le maximum d'argent avec le minimum de douleur consciente pour le contribuable, afin d'éviter ces mécontentements qui troublent la tranquillité des gouvernants.

Impôts indirects. — Dans le système de *l'anesthésie fiscale*, dominent les impôts indirects : ils sont payés à propos d'un acte de consommation, de circulation, ou de transmission de richesse. Les impôts de consommation ont l'avantage que le contribuable les acquitte sans trop s'en apercevoir attendu que l'impôt se fond dans le prix de la marchandise ; ils ont l'inconvénient d'être essentiellement improportionnels, de peser lourdement sur les classes pauvres qui se trouvent en fait contraintes de consommer autant de matières taxées que les classes riches. Aussi la tendance de la démocratie (à l'inverse de ce qui se passait sous la Restauration) est-elle de dégrever les impôts de consommation. Malheureusement, on est obligé de s'arrêter dans cette voie : les contributions indirectes (sans l'enregistrement, les droits de douane, et les droits sur les successions) ont produit, en 1913, plus d'un milliard et demi (1.476.052.103). On ne peut les supprimer sans creuser dans le budget un trou impossible à combler. — La fiscalité démocratique tend, au contraire, à frapper lourdement les héritages. A l'heure actuelle, l'impôt sur l'actif des successions est progressif suivant l'importance de la succession et suivant l'éloignement de parenté entre le successeur et le *de cujus*. — Par la combinaison des *droits de mutation par décès* et de la *taxe progressive* qui frappe la succession de tout individu ne laissant pas quatre enfants vivants, les impôts peuvent s'élever jusqu'à 60 0/0 pour la part de l'actif dépassant cinquante millions ; pour une succession moyenne, la part entre cinquante mille francs et cent mille francs peut payer jusqu'à 36 0/0. C'est là une proportion qui semble ne pouvoir être dépassée sans équivaloir à une suppression de l'héritage.

Les réclamations en matière d'impôts indirects sont portées dans une forme très simple, devant l'autorité judiciaire (en principe, le tribunal d'arrondissement, exceptionnellement le juge de paix).

Impôts directs. — La tendance légitime des démocraties est de donner la prépondérance aux impôts directs qui cherchent à atteindre le contribuable à raison de ses revenus, de ses facultés de payer. — Les principes de la démocratie fiscale triomphent dans le régime instauré par les lois du 15 juillet 1914 et du 31 juillet 1917. — Il y a désormais six impôts directs portant sur des catégories de revenus, plus un impôt global de superposition sur l'ensemble du revenu. Ce sont : 1° un impôt de 4,50 0/0 sur les bénéfices industriels et commerciaux ; 2° un impôt de 3,75 0/0 sur les bénéfices des exploitations agricoles ; 3° un impôt de 3,75 0/0 sur les traitements publics et privés, les indemnités et émoluments, les salaires, les pensions et les rentes viagères ; 4° un impôt de 3,75 0/0 sur les bénéfices des professions non commerciales ; 5° un impôt sur les revenus des créances, titres mobiliers, créances hypothécaires ou chirographaires, dépôts, cautionnements..., (lois du 29 mars 1914, 30 décembre 1916, 31 juillet 1917) ; 6° la contribution foncière de 5 0/0 sur le revenu des propriétés bâties ou non bâties ; 7° un impôt général de 12,50 0/0 sur l'ensemble du revenu (ce taux n'est d'ailleurs pleinement perçu que pour les revenus, rares en France, de plus de 150.000 francs).

Les principes de cette législation nouvelle sont les suivants : 1° *Justice fiscale.* Chacun est atteint d'après ses facultés de payer ; 2° *Abandon du système indiciaire.* Le législateur cherche à atteindre le chiffre réel du revenu, et cesse de s'attacher à des signes extérieurs tels que le loyer d'habitation, qui avaient l'inconvénient de frapper plus lourdement les familles nombreuses ; pour déterminer le revenu exact du contribuable, le législateur exige la *déclaration contrôlée* du contribuable ou la *dénonciation du tiers* (l'employeur pour les salaires et traitements) ; 3° *Personnalité* de l'impôt. Dans le système de la Révolution, l'impôt frappait des choses (réalité de l'impôt) ; désormais, le fisc essaie d'atteindre le contribuable lui-même, afin de lui demander des sacrifices en proportion avec sa personnalité économique. 4° *Discrimination des revenus.* Les facultés contributives des citoyens sont désormais isolément considérées de telle sorte qu'il est possible de frapper plus lourdement les revenus non gagnés que les revenus provenant du travail. 5° *Progressivité.* Les taux que nous avons indiqués sont des taux maxima : la loi établit des exonérations, complètes à la base, et des exonérations partielles dont l'importance diminue progressivement à mesure que les revenus augmentent. 6° *Déduction pour charges de familles.* Une des injustices de l'ancien système fiscal, c'est qu'il épargnait le célibataire et frappait lourdement le chef de famille obligé de payer des impôts de consommation, multipliés par le nombre de ses enfants et une contribution mobilière d'autant plus lourde qu'il avait une famille plus nombreuse à loger. Au contraire, pour tous les impôts nouveaux établis par la loi du 3 juillet 1917, pour la contribution foncière et pour l'impôt général sur le revenu, le contribuable a droit à une déduction qui va de 5 0/0 pour une personne à sa charge à un maximum de 50 0/0.

Le contribuable continue à profiter de garanties très précieuses contre les exigences illégales de l'administration ; les réclamations sont simples, faciles et peu coûteuses ; ce sont : 1° une réclamation orale faite à la mairie devant un contrôleur ; 2° une action devant le Conseil de préfecture, avec appel au Conseil d'Etat, sans autre formalité que l'exigence du papier timbré, qui disparaît même pour les cotes inférieures à 30 francs.

Ce régime peut entraîner, à ses débuts, des frottements, des mécontentements, des évasions, des mécomptes. Il est peut-être critiquable au point de vue de ses répercussions économiques ; on est obligé de rendre hommage aux préoccupations de justice qui l'ont inspiré.

BIBLIOGRAPHIE. — Gaston Jèze, *Cours élémentaire de Science des finances* (cet ouvrage classique touche à sa sixième édition). — Gaston Jèze, *Le Budget*, 1910 (le même auteur dirige et rédige en grande partie la *Revue de Science financière*). — Alix, *Science des finances*, 3ᵉ éd. — Stourm, *Le Budget*, 5ᵉ éd., 1906. — Colson, *Les Finances publiques et le budget de la France*, 1909.

CHAPITRE XII

LES LIBERTÉS PUBLIQUES

I

La France est le pays de la « déclaration des droits de l'homme et du citoyen ». Certes, il n'est personne qui affirme que les hommes de la Constituante ont créé, de toutes pièces, les généreuses pensées formulées dans ce célèbre document ; tout n'est pas inexact dans l'œuvre de dénigrement systématique où l'Allemand Jellinek essaie de rattacher chaque article, chaque fragment d'article à une pensée américaine, luthérienne, calviniste... Les hommes d'une époque ne peuvent s'abstraire de toutes les pensées, de tous les efforts, de toutes les productions de ceux qui les ont précédés. Tout penseur, tout artiste profite, consciemment ou inconsciemment, des travaux par lesquels ses prédécesseurs ont enrichi la langue, le patrimoine intellectuel de l'humanité. Le sculpteur anonyme qui a fait jaillir du marbre la pure beauté de la Vénus de Milo, a évidemment pastiché : son œuvre aurait été bien

différente s'il avait travaillé dans une caverne à l'âge de
la pierre taillée. Molière, Chateaubriand, Victor-Hugo
ont parlé une langue moulée avant eux et exprimé les
pensées de leur temps : ils ont ajouté quelque chose de
personnel qui était le génie : la Déclaration des Droits
est ainsi l'œuvre du génie français. On va voir jusqu'à
quel point ces principes que la France a lancés sur le
monde sont observés chez elle ; mais il ne sera parlé ici
que des « libertés cardinales ».

Liberté de la presse. — Elle doit être mise en tête de
toutes les libertés parce qu'il n'y a pas de démocratie
véritable sans contrôle de l'opinion, et pas du contrôle
de l'opinion sans liberté de la presse. La loi du 29 juillet
1881 est encore aujourd'hui la charte de la presse
française.

1° *Suppression du régime préventif.* — L'expression
écrite de la pensée n'est soumise à aucune condition
qui présente, dans sa réalisation, la moindre difficulté.
L'imprimerie, la librairie, le colportage, l'affichage sont
absolument libres. Toute publication non périodique n'est
astreinte qu'à ces règles très simples : elle doit porter le
nom de l'imprimeur ; deux exemplaires doivent être dé-
posés pour les collections nationales. — Pour la presse périodique, qui est évidemment la plus importante au point
de vue politique, les règles sont d'une observation aussi
facile : au moment de la fondation du journal, simple
déclaration du nom du gérant responsable ; pour la publication des numéros, dépôt de deux exemplaires signés
du gérant. — Il n'y a aucune intervention gouvernementale dans la vie du journal; aucune autorité, même
l'autorité judiciaire, ne peut suspendre ou supprimer
une publication périodique.

2° *Suppression des délits d'opinion.* — Il n'y a plus

de délits d'opinion : il est permis d'attaquer la patrie, la République, la Constitution ; l'exposé des idées monarchistes est licite, on peut à son gré affirmer l'athéisme ou des principes religieux : seule la pornographie n'est pas complètement libre. Naturellement, cette liberté est limitée par le droit d'autrui : on ne peut diffamer, outrager, injurier. Encore, en ces matières, aucune mesure préventive n'est permise : en sorte qu'on pourrait dire qu'on est libre d'injurier ou diffamer sauf à subir postérieurement la peine prononcée par les tribunaux. En matière d'outrage aux mœurs, au contraire, certaines mesures préventives sont autorisées. — Il est permis de donner de fausses nouvelles : on ne devient punissable que si la publication en a été faite de mauvaise foi et si elle a troublé l'ordre public. D'ailleurs, il n'est jamais fait application de ce « délit de fausses nouvelles ».

3° *Compétence du jury*. — En principe, les infractions commises par la voie de la presse sont soumises à la Cour d'assises, assistée du jury. La liberté de la presse est la liberté d'opinion ; pour apprécier s'il y a eu abus de cette liberté, il faut un tribunal qui soit une émanation directe de cette opinion. En fait, les décisions rendues par le jury en matière de presse sont souvent saugrenues. Restent toutefois de la compétence du tribunal correctionnel la diffamation contre les personnes et (en vertu des lois des 16 mars 1853 et 28 juillet 1854, qualifiées par leurs adversaires de « lois scélérates »), l'excitation aux crimes anarchistes.

4° *Absence de véritable responsabilité*. — La contre partie de la liberté devrait être la responsabilité. Or, la loi de 1881 n'organise pas sérieusement cette responsabilité ; la loi considère comme l'auteur principal des infractions le *gérant* ; or le gérant n'est souvent qu'un « homme de paille » n'ayant aucune solvabilité. — D'autre part, les tribunaux sont d'une extraordinaire modération dans les peines et réparations pécuniaires prononcées contre les infractions par la plume. Ainsi le scandale rapporte souvent davantage que ne coûte le procès. Certaines campagnes, ouvertement calomnieuses, ne peuvent être arrêtées par des moyens juridiques. — Aussi voit-on la Ligue des droits de l'homme se mettre à la tête d'une campagne pour la répression de la calomnie. Certains demandent la suppression de la gérance fictive : que le propriétaire du journal soit toujours responsable des délits qui y sont commis ! D'autres voudraient imposer à la propriété du journal une forme particulière : lui interdire, par exemple, la forme des sociétés de capitaux (société anonyme, société en commandite par actions) pour ne permettre que les formes dans lesquelles l'individualité du propriétaire apparaît ouvertement : propriété individuelle ou société en nom collectif. — D'autres réclament contre le diffamateur, qui n'arrive pas à faire la preuve de ses allégations, l'application automatique du maximum de la peine prévue par la loi. On va même jusqu'à parler de dessaisir le jury. — D'autres souhaitent la création de nouveaux délits d'opinion : notamment, à l'exemple de l'Angleterre, l'interdiction d'apprécier un procès en cours... etc. — Il n'est pas douteux que la répression des délits de diffamation est devenue, dans bien des cas, quasi impossible et leur répression presque toujours dérisoire. Il faut bien se rendre compte cependant que la liberté a ses inconvénients comme la servitude ; et qu'il serait peut-être imprudent de toucher à cette grande charte de 1881, qui assure, à l'expression de la pensée française, le régime le plus libéral du monde entier.

Liberté de réunion. — Le droit de s'assembler pour entendre des exposés ou des échanges d'idées n'est soumis à aucune espèce de condition, ou de formalité préalable : « Les réunions publiques, quel qu'en soit l'objet, dit la loi du 26 mars 1907, pourront être tenues sans déclaration préalable ». D'après la loi du 30 juin 1881, la réunion était libre moyennant une déclaration faite 24 heures à l'avance. Au lendemain de la séparation des Eglises et de l'Etat, le Gouvernement et le Parlement prétendirent soumettre à ce régime les réunions cultuelles ; mais l'Eglise catholique ne s'étant pas inclinée, le législateur, dans une pensée libérale, supprime la nécessité de la déclaration préalable pour laisser le caractère de légalité aux assemblées de fidèles. — Les autres dispositions de la loi de 1881 restent en vigueur, notamment celles qui concernent l'interdiction des réunions en plein air.

La liberté d'association. — L'association est un groupement permanent d'individus qui coordonnent leurs efforts en vue d'un but désintéressé. Lorsque le but est intéressé, c'est-à-dire lorsque le groupe se propose de partager des bénéfices, on est en présence d'une *société*, réglée par les lois commerciales ou civiles. Les groupements désintéressés peuvent acquérir une puissance de nature à inquiéter l'autorité gouvernementale ; aussi les régimes despotiques s'en sont-ils toujours méfiés. Pendant tout le xixᵉ siècle, la France a vécu sous le régime de l'article 291 du Code pénal qui supprimait la liberté d'association : les associations de plus de 20 personnes ne pouvaient se former qu'avec l'autorisation gouvernementale. La Troisième République commença de déclarer licites certaines associations ayant des buts déterminés : associations pour entretenir un établissement d'enseignement supérieur (loi de 1875), syndicats professionnels (loi de 1884) sociétés de secours mutuels. Mais la liberté d'association ne fut véritablement proclamée en principe que par la loi du 1ᵉʳ juillet 1901.

Liberté du groupement des personnes. — Sans aucune condition ni formalité, les associations peuvent se constituer, avec un nombre quelconque d'adhérents. Toutefois, sont interdites les associations fondées en vue d'un objet illicite, contraire aux lois, aux bonnes mœurs ou qui auraient pour but de porter atteinte à l'intégrité du territoire national et à la forme républicaine du gouvernement.

Liberté de la personnalité civile. — Les groupements ainsi constitués, sans que le gouvernement en soit seulement informé, sont licites, en ce sens que leurs membres n'encourent aucune pénalité. Mais ils ne peuvent posséder, acquérir, ester en justice : ils n'ont pas la personnalité civile.

La loi de 1901 permet aux associations d'acquérir la *petite personnalité* par une simple *déclaration*. Les *associations déclarées* peuvent ester en justice, acquérir à titre onéreux et posséder, en dehors des subventions administratives : 1° les cotisations (le rachat des cotisations ne peut être fait pour une somme supérieure à 500 fr.) ; 2° le local et les immeubles strictement nécessaires au fonctionnement de l'association ; les associations déclarées ne peuvent donc recevoir des libélités.

La pleine personnalité est réservée aux associations reconnues d'utilité publique. — Ici, il ne s'agit plus de liberté, mais seulement de faveur administrative : le chef de l'État, par un décret en Conseil d'État, peut, en toute liberté conférer la personnalité civile à une association qu'il en juge digne. L'avantage de cette reconnaissance, c'est la faculté de recevoir des libéralités ; mais les associations, même reconnues, sont soumises à une restriction qui s'inspire de la traditionnelle peur de la mainmorte : elles ne peuvent posséder que les *immeubles* strictement nécessaires à leur fonctionnement ; elles ne peuvent pas posséder des biens de cette nature pour en tirer des revenus. S'il leur en vient par libéralité, elles sont tenues de les vendre et d'en placer le prix en titres nominatifs.

Pas de liberté pour les congrégations. — La loi du 1ʳᵉ juillet 1901 était donc très libérale dans ses dispositions ; mais ce n'est peut-être pas une pensée de liberté qui provoqua le vote : il s'agissait moins, à cette époque de luttes passionnées, d'assurer la liberté des associations ordinaires, que de supprimer les congrégations religieuses qui s'étaient formées à la faveur de la tolérance gouvernementale et d'une jurisprudence libérale. Les congrégations religieuses (que la loi s'abstient de définir) ne peuvent être formées qu'avec l'autorisation des deux Chambres du Parlement. Se conformant à cette loi, soixante congrégations demandèrent l'autorisation. Ces demandes furent rejetées, en bloc. Waldeck-Rousseau, qui était l'auteur de la loi de 1901, reprocha au gouvernement Combes, qui lui avait succédé, « d'avoir transformé peu à peu une loi de contrôle en une loi d'exclusion. »

Liberté d'enseignement. — La liberté d'enseignement apparaît comme plus grave que la liberté de la presse : l'enseignement agit sur des âmes malléables, dépourvues d'esprit critique, et peut leur imprimer une direction pour toute la vie. Aussi les luttes pour la conquête de cette liberté ont-elles été particulièrement vives.

La liberté de l'enseignement primaire a été établie par la loi du 28 juin 1833 ; la loi du 15 mars 1850 (loi Falloux) a institué la liberté de l'enseignement secondaire ; enfin la loi du 12 juillet 1875 a inauguré la liberté de l'enseignement supérieur.

La liberté de l'enseignement apparaîtrait donc comme complète en France si d'importantes restrictions n'y avaient pas été apportées par les lois du 1er juillet 1901 (art. 11) et du 7 juillet 1904. L'enseignement est interdit aux membres des congrégations, autorisées ou non autorisées. En vertu de ces lois, ont été fermés les couvents dans lesquels était élevée une grande partie des jeunes filles françaises ; les religieuses ont été expulsées, les immeubles *liquidés* ; ont été fermés aussi les internats dans lesquels les « frères » donnaient aux enfants de la petite bourgeoisie une instruction primaire supérieure. On a aussi interdit l'enseignement à une catégorie de personnes à raison des tendances qu'on leur supposait et de l'esprit dont on les croyait animées. C'est la tendance trop naturelle des maîtres de l'Etat, quels qu'ils soient, de supporter impatiemment la liberté des autres.

Liberté du culte. — La liberté du culte est le droit de pratiquer extérieurement les rites de la religion à laquelle on appartient. — Pendant tout le cours du xixe siècle, cette liberté fut soumise au régime institué par le Concordat du 16 messidor an IX et la loi du 18 germinal an X : ce système établissait une collaboration de l'Eglise et de l'Etat ; les ministres du culte étaient rétribués sur le trésor public ; ils étaient traités comme des fonctionnaires publics ; par contre le Gouvernement se réservait un droit très fort de contrôle sur leur nomination.

La loi du 9 décembre 1905 a substitué, à ce régime de collaboration, celui de la séparation. Cette loi cependant proclamait le principe de la liberté des cultes. Elle prétendait aussi l'organiser ; des associations cultuelles devaient être constituées pour recevoir les biens des établissements ecclésiastiques supprimés, et pour recevoir la jouissance des édifices du culte, avec l'obligation de les assurer et de les entretenir. L'Église catholique considéra ces associations comme contraires à sa hiérarchie et en interdit la formation. Cette intransigeance a fait perdre à l'Eglise tous ses biens. La loi du 2 janvier 1907 s'efforçait d'assurer un régime juridique qui permît l'exercice public du culte : la jouissance pouvait être concédée, soit à des associations cultuelles, soit à *des ministres du culte*. Mais le pape interdit à ces derniers de demander cette concession. Par conséquent l'intransigeance de l'Eglise a fait la séparation plus grande encore que ne l'avait prétendu le législateur.

On est arrivé ainsi à un régime de fait, qui donne lieu à un certain nombre de difficultés juridiques. Extérieurement, rien n'est changé à la vie religieuse : les mêmes cérémonies ont lieu, dans les mêmes Eglises, célébrées par les mêmes ministres. Le curé apparaît, comme par le passé, le maître dans son église : il y fait des quêtes, perçoit son casuel, taxe l'occupation des bancs et chaises. Pour le public rien n'est changé !

Ce régime est dominé par deux principes : 1° le culte n'est pas reconnu ; 2° il est libre.

1° *Le culte n'est pas reconnu mais n'est pas ignoré.* — Il n'est plus un service public, ses ministres ne sont plus des fonctionnaires salariés, ayant un rang dans l'Etat,

Mais si le culte n'est plus « reconnu », au sens particulier qu'avait ce mot sous le régime concordataire, il serait inexact de dire que l'Etat « ignore » le culte, qu'il considère la religion comme une affaire strictement individuelle, intéressant les rapports intimes de chacun avec la divinité. *a*) L'Etat n'ignore pas le culte, puisqu'il prend contre lui des mesures de défaveur : « les ministres du culte » sont astreints, dans leurs paroles, à une réserve plus grande que les autres citoyens ; ils ne peuvent donner l'enseignement religieux aux heures de classe ; une commune ne peut subventionner un culte comme elle subventionne un orphéon ou une société de gymnastique. *b*) L'Etat n'ignore pas le culte puisqu'il le favorise : ce n'est pas à un groupement quelconque de citoyens, prétendant rendre à la Divinité un hommage quelconque, c'est au culte précédemment « reconnu », dans le sens concordataire du mot, que sont affectés les édifices cultuels. Le culte continue donc à être reconnu dans ce sens. L'Etat français accepte le « fait » de l'Eglise et de sa hiérarchie ; pour la première fois, les « fidèles », que le Conseil d'Etat reçoit à se pourvoir devant lui, sont considérés avec cette qualité juridique ; au-dessus d'eux, il y a les « ministres du culte » qui ne sont considérés comme tels que s'ils sont « en communion » avec l'évêque, lequel, à son tour, doit être « en communion » avec le Pontife romain. Le « fait » de la hiérarchie et le « fait » des décisions prises dans cette hiérarchie, soit pour nommer, soit pour révoquer ou déplacer les ministres du culte sont pris en considération par les tribunaux, tant judiciaires qu'administratifs, dans une jurisprudence particulièrement intéressante. — La règle que la République ne salarie aucun culte reçoit une exception par l'institution des

« aumôniers militaires » qui touchent des soldes d'officiers.

2º *Le culte est libre.* — *a)* Les anciens *édifices cultuels* continuent à lui être affectés par la loi d'une manière exclusive. Ils sont la propriété des communes, mais une propriété légalement grevée de cette affectation spéciale. Les *communes* peuvent les réparer ; elles ne sont pas tenues de les réparer, même si les fidèles leur font des offres de concours, c'est-à-dire : se chargent de frais de réparation. Elles peuvent même empêcher les fidèles de réparer. La conservation des Eglises est un des problèmes actuellement posés. — En fait, les presbytères ont conservé, dans l'immense majorité des communes, leur ancienne affectation : seulement, les curés sont astreints à payer à la commune un loyer dont le taux est approuvé par le préfet. Les communes ne pourraient mettre, gratuitement ou pour un prix fictif, le presbytère à la disposition des curés : ce serait faire au culte une subvention illégale. *b)* Les *cérémonies* du culte sont libres. Le principe de la liberté du culte, qui est mis en vedette de la loi de 1905, est très largement interprété par les tribunaux : les règlements de police des maires sont soumis au contrôle des tribunaux répressifs qui doivent, avant de frapper le contrevenant, s'assurer que le règlement n'est pas illégal, qu'il ne viole pas la liberté du culte. D'autre part, les intéressés, fidèles ou prêtre, peuvent demander directement au Conseil d'Etat, par la voie du recours pour excès de pouvoir, l'annulation des règlements contraires à la liberté : ce contrôle du Conseil d'Etat est particulièrement efficace parce qu'il réprime l'abus de pouvoir et le détournement de pouvoir, qu'ignorent les tribunaux judiciaires. L'examen de cette jurisprudence prouve que la liberté trouve un refuge plus sûr et plus efficace au Conseil d'Etat qu'à la Cour de Cassation. Le Conseil d'Etat condamne impitoyablement toutes les tentatives tracassières de certains maires, en nombre d'ailleurs très restreint ; usage des cloches pour des buts non religieux et non établis par une tradition antérieure à 1905 ; réglementation, lorsqu'elle est inspirée uniquement par des préoccupations dites *philosophiques*, et non par le légitime souci de l'ordre public, des cortèges funèbres, des cérémonies dans les cimetières, etc, c). Enfin, le culte est libre dans son *organisation* : l'Eglise est infiniment plus libre qu'elle ne l'était sous le régime concordataire. Le gouvernement n'a plus aucune influence sur le choix des évêques ; il ne donne plus son agrément à la nomination des curés ; il n'a plus sur les prêtres le moyen d'action qu'était la suppression du traitement ; il ne peut plus blâmer, par l'appel comme d'abus, les actes de l'autorité ecclésiastique ; il ne peut plus mettre d'obstacles à la publication en France des actes du Saint-Siège ; les évêques peuvent s'assembler quand et où bon leur semble. Certains ont pu regretter l'influence utile à la paix sociale et aux intérêts du pays que l'Etat exerçait sur l'Eglise sous le régime concordataire. La loi de 1905 a favorisé l'ultramontanisme.

II

On voit que le droit public de la France constitue un très bel édifice de liberté. Il contient encore, çà et là, quelques fâcheuses taches. Les républicains devront renoncer à cette conception oppressive d'une prétendue unité morale imposée par le gouvernement, et qui fut le rêve irréalisé de Napoléon. La guerre a montré que la France est admirablement une dans sa diversité : « La vraie union, disait Montesquieu, (*Considérations sur les causes de la grandeur des romains*, ch. IX) est une union d'harmonie qui fait que toutes les parties, quelqu'opposées qu'elles nous paraissent, concourent au bien général de la société, comme des dissonances dans la musique concourent à l'accord total. »

BIBLIOGRAPHIE. — On consultera avec profit les traités généraux de droit constitutionnel de Duguit, d'Esmein etc. Voir aussi Hauriou, *Principes de droit public*, 2ᵉ éd., 1915.

Barbier, Matter et Rondelet, *Code expliqué de la presse*, 2ᵉ éd. 1911. Fabreguettes, *Traité des infractions de la parole et de la presse*, 1905.

Joseph-Barthélemy, *Les rapports de l'Etat français et de l'Eglise catholique depuis la séparation*, 1914 (abondante bibliographie).

Boisdon, *La liberté d'association*, 1907.
Pouget, *La liberté d'enseignement*, 1910.

CONCLUSION

De ce rapide tableau de nos institutions, il résulte qu'il
y a en elles bien des parties défectueuses, vieillies, caduques. A plusieurs reprises, au cours de cette guerre,
les autorités les plus hautes du Parlement et du gouvernement ont déclaré dès maintenant ouverte la question
de la révision constitutionnelle. Il est probable que, au
lendemain d'une crise aussi profonde, le pays, pour assurer sa renaissance, se livrera à une refonte générale de
ses institutions. C'est probable ; c'est souhaitable. Cependant il ne faut exagérer ni le pessimisme à l'égard de
ce qui existe ni l'optimisme à l'égard de ce qu'on pourrait établir.

Le désir de réformes paraît tellement fort qu'on devient injuste pour nos institutions « Rien n'y est parfait, pourrons-nous dire ; mais tout se tient, s'étaye,
s'entrecroise... » On est presque tenté d'oublier les
grandes choses que ces institutions ont permises.
Considérons le point de départ et le point d'arrivée de
cette large tranche de notre histoire marquée, à ses
deux extrémités, par une agression allemande. — Au

lendemain de l'Empire, la France est vaincue, diminuée, anémiée ; elle est déchirée par les factions et les partis ; les ruines de la Commune fument encore ; les conservateurs se divisent autour de trois prétendants, les républicains, autour des conceptions diverses de la République. Nous subissons cette humiliation de voir Bismarck s'immiscer dans les élections à l'Assemblée nationale et empêcher Gambetta de proclamer l'inéligibilité des anciens fonctionnaires de l'Empire. De celles des nations qui n'ont pour elle ni haine ni menace, la France obtient à peine une sympathie attristée et apitoyée. — Cependant, le monde va assister à ce spectacle de noble et virile énergie : la France se guérit de ses plaies, remet dans ses finances un équilibre que Bismarck croyait avoir définitivement rompu par l'exigence d'une indemnité écrasante, apporte son or aux emprunts de libération, purifie le territoire des derniers Allemands qui le souillaient, améliore son administration, reconstitue sa force militaire. En même temps, elle rétablit son organisme économique dont la vitalité s'affirme par les expositions universelles et par de vastes plans de travaux publics. Par cette œuvre de reconstitution énergique et patiente, la France arrive bientôt à s'imposer de nouveau à la considération du monde. D'autre part, son génie n'a pas tardé à remettre ses moyens d'action à la hauteur du rôle que ses traditions l'appellent à jouer. Et c'est alors qu'elle peut s'atteler à l'œuvre grandiose qui restera l'honneur de sa diplomatie : l'affranchissement et la reconstitution de l'Europe en présence du pangermanisme menaçant. Et quand la menace s'est enfin réalisée par l'agression la plus criminelle de l'histoire, c'est la France qui s'est trouvée à la tête des efforts militaires, et jusqu'au moment de l'entrée en guerre des États-Unis, à la tête des efforts politiques des nations libres.

C'est aux fruits que l'on reconnaît l'arbre. Les institutions qui ont permis de pareils résultats méritent d'autres sentiments que le dédain.

Il faut les retoucher, les adapter, les remanier peut-être. Il serait imprudent de les bouleverser. Tout changement ouvre un compte profits et pertes : les réformateurs ne voient dans les institutions de leurs rêves, construites d'après les données de la raison pure, que la colonne des profits : c'est l'expérience, cruellement quelquefois, qui se charge d'appeler l'attention sur la colonne des pertes. Que, dans tous les cas, la France n'oublie pas d'observer, comme elle l'a fait jusqu'ici en dépit des pires bouleversements politiques, la grande loi de la continuité de l'histoire (1).

(1) Ces conclusions sont développées et précisées dans un volume qui est la suite naturelle de celui qu'on vient de lire et qui va paraître, à la même librairie, sous ce titre : *Adaptons la République.*

TABLE DES MATIERES

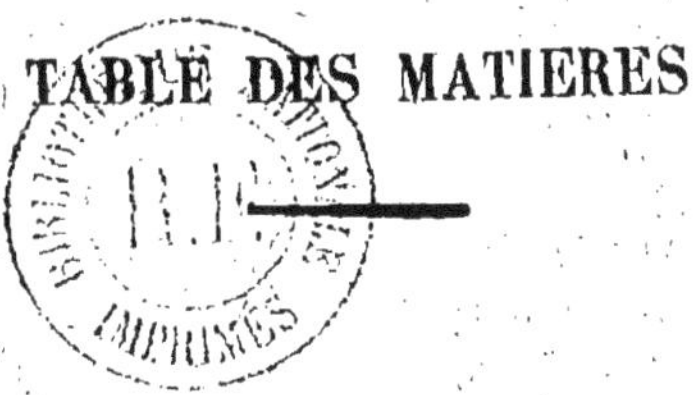

CHAPITRE PREMIER
La constitution

Etablissement. Caractères généraux. Révision

CHAPITRE II
Le principe démocratique

CHAPITRE III

Le Parlement

Principes communs à ses deux Chambres

CHAPITRE IV

La Chambre des députés

CHAPITRE V

Le Sénat

CHAPITRE VI

Le Président de la République

CHAPITRE VII

Les ministres et le gouvernement parlementaire

CHAPITRE VIII

La politique étrangère

CHAPITRE IX

L'Administration

I. — ADMINISTRATION DES INTÉRÊTS GÉNÉRAUX DE L'ÉTAT

CHAPITRE X

La justice

CHAPITRE XI

Les Finances

CHAPITRE XII

Les libertés publiques.

Imprimerie Bussière. — Saint-Amand (Cher).

ÉDOUARD HERRIOT

AGIR

In-16 . . . . 4 fr. 5o

Pages admirables et bien conformes aux traditions véritables de notre génie national.

(*Télégramme*), de Toulouse.

M. Herriot aspire — tout son livre le dit expressément — « à une politique d'ordre dans la grandeur ». Vive et belle formule.

Paul COURCOURAL,
(*Le Nouvelliste*), de Bordeaux.

M. Edouard Herriot a dédié son beau et bon livre à la mémoire du grand Colbert...

Charles MAURRAS,
(*L'action Française.*)

CRÉER

En 2 volumes in-16

Tome I . . . . 6 francs
Tome II . . . . 5 »

Dans cet ouvrage, écrit pour la jeunesse française, M. Edouard Herriot a tracé le programme d'action national qui se dégage d'un examen attentif des idées et des faits.

Bibliothèque Politique et Economique

GERMAIN MARTIN

Correspondant de l'Institut
Professeur à la Faculté de Droit de l'Université de Montpellier

LES PROBLÈMES
DU CRÉDIT EN FRANCE

In-16 . . . . 4 fr. 5o

SOMMAIRE :

L'Epargne support du Crédit : La force de l'Epargne en France. Les banquiers du monde. Les conséquences d'une erreur économique.

L'Armature du Crédit : Structure du crédit en France ; le mécanisme. La critique de notre système bancaire. Le crédit de l'Etat pendant la guerre.

Problèmes d'après-Guerre : La liquidité des capitaux. Le crédit aux affaires et le régionalisme bancaire. Le crédit et les règlements internationaux.

Les problèmes du crédit, en France, sont donc plus nombreux et plus complexes que jamais.

M. Germain Martin était qualifié pour les traiter. Il a montré, dans des travaux et de nombreux articles déjà publiés et goûtés par le public soucieux de connaître les conditions de vie économique de notre pays, des qualités d'exposition claire, documentée et réaliste.

(Le Moniteur de la Bourse.)

Vicomte de ROQUETTE-BUISSON
et MARCEL A. HÉRUBEL

LA TERRE RESTAURATRICE

Un vol. in-16 . . . . 4 fr. 5o

Une question d'importance primordiale : la place de l'agriculture dans le grand travail de reconstruction française qui s'impose aujourd'hui. Les auteurs estiment avec raison qu'on ne bâtira rien de solide si l'on ne met la réorganisation de l'agriculture, notre force principale et permanente, à la base de l'ordre social. Et ils ne font pas que l'affirmer, ils le démontrent d'une façon précise, avec faits et chiffres à l'appui, et ils expliquent d'une façon très nette, sans rhétorique, avec une forte conviction, que l'effort industriel ne sera sérieux et durable que s'il s'appuie sur l'effort agricole.

JULES ROCHE
Député, Ancien Ministre

QUAND SERONS-NOUS
EN RÉPUBLIQUE?

Un vol. in-16 . . . . 4 fr. 5o

L'auteur établit, qu'en fait, la Constitution de 1875, a créé *un pouvoir absolu d'élus irresponsables*, c'est-à-dire un régime générateur d'anarchie et de ruine. La preuve en est que dans l'espace de 47 ans, 68 ministères se sont succédés. Il importe donc, aussitôt la victoire, de donner à la France une *Constitution* adaptée à ses besoins, à ses forces, au génie de sa race, une Constitution véritablement républicaine et démocratique. Ce que doit être cette Constitution, M. Roche, l'expose avec force et clarté dans ce livre qui résout, avec une irréfutable logique, le grave problème de demain. Aucun Français ne doit ignorer ces pages.

(L'Avenir de la Mayenne.)

www.ingramcontent.com/pod-product-compliance
Ingram Content Group UK Ltd.
Pitfield, Milton Keynes, MK11 3LW, UK
UKHW021855070726
13613UKWH00001B/170